Claas Oehlmann

AF618384

Europa auf dem Weg zur Recycling-Gesellschaft?

Die EU-Rohstoffinitiative im Kontext der Strategie Europa 2020

AN INTERDISCIPLINARY SERIES
OF THE CENTRE FOR INTERCULTURAL AND EUROPEAN STUDIES

INTERDISZIPLINÄRE SCHRIFTENREIHE
DES CENTRUMS FÜR INTERKULTURELLE UND EUROPÄISCHE STUDIEN

CINTEUS • Fulda University of Applied Sciences • Hochschule Fulda

ISSN 1865-2255

6 *Gudrun Hentges / Justyna Staszczak*
Geduldet, nicht erwünscht
Auswirkungen der Bleiberechtsregelung auf die Lebenssituation geduldeter Flüchtlinge in Deutschland
ISBN 978-3-8382-0080-4

7 *Barbara Lewandowska-Tomaszczyk / Hanna Pułaczewska (Eds. / Hrsg.)*
Intercultural Europe
Arenas of Difference, Communication and Mediation
ISBN 978-3-8382-0198-6

8 *Janina Henning*
In Dubio Pro Europa?
An Analysis of the European External Action Structures after the Treaty of Lisbon
ISBN 978-3-8382-0298-1

9 *Claas Oehlmann*
Europa auf dem Weg zur Recycling-Gesellschaft?
Die EU-Rohstoffinitiative im Kontext der Strategie Europa 2020
ISBN 978-3-8382-0401-7

Series Editors

Gudrun Hentges
Volker Hinnenkamp
Anne Honer
Hans-Wolfgang Platzer

Fachbereich Sozial- und Kulturwissenschaften
Hochschule Fulda University of Applied Sciences
Marquardstraße 35
D-36039 Fulda

cinteus@sk.hs-fulda.de
www.cinteus.eu

Claas Oehlmann

EUROPA AUF DEM WEG ZUR RECYCLING-GESELLSCHAFT?

Die EU-Rohstoffinitiative im Kontext der Strategie Europa 2020

ibidem-Verlag
Stuttgart

Bibliografische Information der Deutschen Nationalbibliothek
Die Deutsche Nationalbibliothek verzeichnet diese Publikation in der Deutschen Nationalbibliografie; detaillierte bibliografische Daten sind im Internet über http://dnb.d-nb.de abrufbar.

Bibliographic information published by the Deutsche Nationalbibliothek
Die Deutsche Nationalbibliothek lists this publication in the Deutsche Nationalbibliografie; detailed bibliographic data are available in the Internet at http://dnb.d-nb.de.

∞

Gedruckt auf alterungsbeständigem, säurefreien Papier
Printed on acid-free paper

ISSN: 1865-2255

ISBN-13: 978-3-8382-0401-7

© *ibidem*-Verlag
Stuttgart 2012

Alle Rechte vorbehalten

Das Werk einschließlich aller seiner Teile ist urheberrechtlich geschützt. Jede Verwertung außerhalb der engen Grenzen des Urheberrechtsgesetzes ist ohne Zustimmung des Verlages unzulässig und strafbar. Dies gilt insbesondere für Vervielfältigungen, Übersetzungen, Mikroverfilmungen und elektronische Speicherformen sowie die Einspeicherung und Verarbeitung in elektronischen Systemen.

All rights reserved. No part of this publication may be reproduced, stored in or introduced into a retrieval system, or transmitted, in any form, or by any means (electronical, mechanical, photocopying, recording or otherwise) without the prior written permission of the publisher. Any person who does any unauthorized act in relation to this publication may be liable to criminal prosecution and civil claims for damages.

Printed in Germany

Editorial

This series is intended as a publication panel of the Centre of Intercultural and European Studies (CINTEUS) at Fulda University of Applied Sciences. The series aims at making research results, anthologies, conference readers, study books and selected qualification theses accessible to the general public. It comprises of scientific and interdisciplinary works on inter- and transculturality; the European Union from an interior and a global perspective; and problems of social welfare and social law in Europe. Each of these are fields of research and teaching in the Social- and Cultural Studies Faculty at Fulda University of Applied Sciences and its Centre for Intercultural and European Studies. We also invite contributions from outside the faculty that share and enrich our research.

Gudrun Hentges, Volker Hinnenkamp, Anne Honer & Hans-Wolfgang Platzer

Editorial

Die Buchreihe versteht sich als Publikationsforum des Centrums für interkulturelle und europäische Studien (CINTEUS) der Hochschule Fulda. Ziel der CINTEUS-Reihe ist es, Forschungsergebnisse, Anthologien, Kongressreader, Studienbücher und ausgewählte Qualifikationsarbeiten einer interessierten Öffentlichkeit zugänglich zu machen. Die Reihe umfasst fachwissenschaftliche und interdisziplinäre Arbeiten aus den Bereichen Inter- und Transkulturalität, Europäische Union aus Binnen- und globaler Perspektive sowie wohlfahrtsstaatliche und sozialrechtliche Probleme Europas. All dies sind Fachgebiete, die im Fachbereich Sozial- und Kulturwissenschaften der Hochschule Fulda University of Applied Sciences und dem Centrum für interkulturelle und Europastudien gelehrt und erforscht werden. Ausdrücklich eingeladen an der Publikationsreihe mitzuwirken sind auch solche Studien, die nicht 'im Hause' entstanden sind, aber CINTEUS-Schwerpunkte berühren und bereichern.

Gudrun Hentges, Volker Hinnenkamp, Anne Honer & Hans-Wolfgang Platzer

Vorwort

Das Paradigma nachhaltiger Entwicklung hat in die strategischen Planungen der Europäischen Union Eingang gefunden. Die in der Strategie Europa 2020 formulierten Ziele in den Bereichen Klimaschutz und Ressourcenschonung schließen mehrere Politikfelder ein. Einem politisch bedeutsamen, wenngleich wissenschaftlich eher stiefmütterlich behandelten Themenfeld, nämlich der EU-Abfallpolitik und der EU-Rohstoffinitiative, widmet sich die vorliegende Studie.

Die Rohstoffinitiative wurde 2008 mit dem Ziel begonnen, durch Recycling-Prozesse nicht nur dem permanent steigenden Ressourcenverbrauch und der Umweltbelastung entgegen zu wirken, sondern auch eine nachhaltige Sicherung der Rohstoffbasis bei bestimmten Metallen und seltenen Mineralien zu ermöglichen, die für die künftige ökonomische und technologische Entwicklung der EU als einer insgesamt rohstoffarmen Weltregion von großer Bedeutung sind.

Diese Studie hat das große Verdienst, dass sie ein vermeintlich eher „technisches“ Teilgebiet der EU-Umweltpolitik in den größeren Zusammenhängen eines nachhaltigen Wirtschaftens, einer technologischen Selbstbehauptung Europas im globalen Wettbewerb und einer zukunftsweisenden Umweltpolitik systematisch verortet, empirisch fundiert durchdringt und kritisch beleuchtet. Um die komplexen, interdependenten Dimensionen dieses Politikfeldes, das von außenwirtschaftlichen und rohstoffpolitischen Fragen, über ökologische Problemstellungen bis zu konkreten Regulierungsaktivitäten der EU im Bereich der Abfallwirtschaft und des Recyclings reicht, in methodisch strukturierter und theoriegeleiteter Weise analysieren zu können, greift der Autor auf die politikwissenschaftliche Policy-Analyse zurück.

Claas Oehlmann gelingt es, mittels des Policy-Cycle-Ansatzes ein empirisch ebenso tiefenscharfes und detailreiches Bild konkreter EU-Entscheidungsprozesse und Politikergebnisse zu zeichnen, wie die längerfristigen Herausforderungen, Barrieren und Perspektiven eines „Europa auf dem Weg zur Recycling-Gesellschaft“ sichtbar zu machen. Damit spricht diese Untersuchung sowohl einen Leserkreis an, der sich fachlich und wissenschaftlich mit dem Spezialgebiet der Europäischen Abfallpolitik und der Wiedergewinnung von Rohstoffen befasst, als auch einen Leserkreis, der an Fragen einer ökonomisch und ökologisch gleichermaßen nachhaltigen Entwicklung interessiert ist.

Hans-Wolfgang Platzer — Fulda, im Juli 2012

Vorbemerkung des Autors

Die vorliegende Untersuchung ist aus einer Qualifikationsarbeit zur Erlangung des akademischen Grades eines Master of Arts in „Intercultural Communication and European Studies“ an der Hochschule Fulda hervorgegangen. Sie basiert auf drei Kernelementen, aus denen auch die Motivation für die Anfertigung dieses Buches abgeleitet werden kann. Hierbei handelt es sich (a) um ein akademisches Element (im Studium erworbene politik- und rechtswissenschaftliche Kenntnisse zur Europäischen Union (EU)), (b) um ein praktisches Element (bei Praktika in Brüssel gesammelte Erfahrungen im Bereich der Abfall- und Ressourcenbewirtschaftung). Ein drittes, die beiden vorigen umspannendes Element, ist meine in Theorie und Praxis gewachsene Überzeugung, dass das Leitbild einer nachhaltigen Entwicklung, welchem sich die EU verschrieben hat, in den Politiken zur zukünftigen Rohstoffversorgung Europas eine zentrale Rolle einnehmen muss. Diese Erkenntnis impliziert bereits die Annahme, dass die EU selbst die geeignete und unverzichtbare Problemlösungsebene für die Herausforderung der Versorgung der oftmals rohstoffarmen Mitgliedstaaten der EU mit den in dieser Analyse behandelten Metallen und Mineralien darstellt. Dabei wird davon ausgegangen, dass die Förderung des Recyclings von Materialien am ehesten dem Paradigma der Nachhaltigkeit im Kontext der Rohstoffversorgung gerecht werden kann. Den aktuellen Gradmesser für die Positionierung der EU in diesem Spannungsfeld stellt die Strategie Europa2020 dar, welche im Kontext dieser Arbeit thematisiert wird.

Die Problematik der Rohstoffversorgung mit Metallen und Mineralien zur Produktion bestimmter innovativer Technologien rückte während meiner Praxisaufenthalte in Brüssel ins Zentrum meines Interesses. Denn alle wirtschaftlich genutzten Materialien entstammen ursprünglich den natürlichen Ressourcen und werden am Ende ihres Lebenszyklus zu Emissionen und Abfall. Wenn dem zu Folge Abfall vermieden wird oder eine sinnvolle Verwertung von Abfällen stattfindet und dieser wirtschaftlich wieder verwendet werden kann, werden die natürlichen Ressourcen geschont. Dieses seit einigen Jahren auf europäischer Ebene engagiert diskutierte Potenzial des Abfallaufkommens veranlasste mich dazu, den Fragestellungen nachzugehen, warum die Versorgung mit bestimmten Metallen und Mineralien für den europäischen Binnenmarkt so immens wichtig ist, warum eine intensive Diskussion dazu gerade zum jetzigen Zeitpunkt geführt wird und vor allem, warum diese Rohstoffe nicht, wie es bei anderen Materialien bereits im großen Umfang geschieht, aus Abfällen als Sekundärrohstoffe zurückgewonnen werden.

Die generelle Herangehensweise an diese Problematiken war dabei von dem Gedanken geprägt, dass der permanent steigende Ressourcenverbrauch einen immer größeren Druck auf die Öko-Systeme ausübt. Die permanente Steigerung des Rohstoffbedarfs wird dabei unter anderem durch die wachsende Weltbevölkerung und die damit einhergehende Steigerung des weltweiten Konsums und durch das teilweise rasante Wirtschaftswachstum von Schwellenländern wie China, Brasilien und Indien in Kombination mit dem ohnehin bereits immensen Rohstoffverbrauch der ‚industrialisierten Welt' ausgelöst. Nach Schätzungen der Organisation für wirtschaftliche Zusammenarbeit und Entwicklung (OECD) wird der weltweite Rohstoffverbrauch von 53 Milliarden Tonnen im Jahr 2005 bis 2020 auf 80 Milliarden Tonnen zunehmen. Um den Menschen auf diesem Planeten in Zukunft (zumindest potenziell) die Aussicht auf ein chancengleiches Leben auf einer gesicherten materiellen Grundlage zu ermöglichen, wird es deshalb unerlässlich sein, dass sich bisherige Wirtschaftsformen ändern und dabei vor allem der Umgang mit natürlichen Ressourcen einen grundsätzlichen Paradigmenwechsel erfährt.

Die vorliegende Analyse hebt sich von vielen thematisch ähnlichen Arbeiten ab. So wird argumentativ erst dargelegt, dass das Recycling als Rohstoffquelle in vielerlei Hinsicht theoretisch die sinnvollste Bezugsmöglichkeit von Ressourcen im europäischen Binnenmarkt darstellt. Ausgehend von dieser Erkenntnis wird anschließend analysiert, welche Potenziale die derzeitigen Politiken der EU im Bereich Abfall zur Nutzung von eben diesem als Rohstoffquelle für ausgewählte Metalle und Mineralien bieten. Übergeordnetes Ziel ist es, herauszuarbeiten, ob innerhalb des hier untersuchten Zeitraums eine Art Paradigmenwechsel vom umweltpolitischen Anspruch der EU, die Gefahren für die Umwelt und die Gesundheit durch Abfälle zu minimieren, hin zu einer Sichtweise, den Abfall als Rohstoffbasis zu nutzen und eine nachhaltige Kreislaufwirtschaft zu etablieren, stattgefunden hat.

Mein besonderer Dank für die engagierte akademische Betreuung dieser Studie und vor allem für die Offenheit gegenüber meinem Forschungsinteresse gilt Prof. Dr. Hans-Wolfgang Platzer und Prof. Dr. Christian Schrader von der Hochschule Fulda. Weiterhin möchte ich mich ausdrücklich bei Anne Baum-Rudischhauser, Geschäftsführerin und Leiterin der Brüsseler Vertretung des Bundesverbands der Deutschen Entsorgung-, Wasser- und Rohstoffwirtschaft e.V. (BDE), sowie dem gesamten Team des BDE in Brüssel für die inhaltlichen Einblicke in die Themenfelder Entsorgung- und Ressourcenwirtschaft auf europäischer Ebene während zweier Praxisphasen in Brüssel und darüber hinaus bedanken, die maßgeblich zu meinem Interesse am Erstellen dieses Buches beigetragen haben. Ebenfalls danke ich herzlich Isabell Panosch für die Möglichkeit, einen ehrlichen Ansprech- und Diskussionspartner für inhaltliche und formale Herausforderungen während des gesamten Entstehungsprozesses dieser Analyse gehabt zu haben.

Inhaltsverzeichnis

Abbildungen und Tabellen

1 Einleitung

Die Diskussion um die Versorgung Europas mit Rohstoffen war jahrzehntelang von den Importabhängigkeiten bei Öl und Gas geprägt. Durch den technologischen Wandel sowie ein gesellschaftliches und politisches Umdenken besonders bei der Energieversorgung, der Kommunikationstechnologie und der Mobilität der Zukunft in Verbindung mit Fragen des Umwelt- und Klimaschutzes wird jedoch immer deutlicher, dass für innovative Produkte in diesen Bereichen auch bestimmte nichtenergetische Rohstoffe (Metalle und Mineralien) benötigt werden. Der Rohstoff Lithium wird beispielsweise für die Herstellung von Akkumulatoren für Elektroautos, Laptops und Mobiltelefonen, Gallium in der gesamten Halbleiterindustrie, Indium bei der Herstellung von Solarzellen und Displays und Platin für Laborbedarf sowie in der Computerindustrie benötigt. Die so genannten Seltenen Erden nehmen ebenso eine wichtige Rolle ein. Sie werden unter anderem bei der Produktion von Starkmagneten, Katalysatoren, Energiesparlampen, Lasertechnologie und Brennstoffzellen benötigt (Angerer et al. 2010). Die Besonderheit dieser und weiterer Rohstoffe ist, dass sich ihre Abbaustätten derzeit weltweit auf wenige Länder beschränken, wodurch eine starke Konzentration der Bezugsquellen entsteht. Eine OECD-Studie aus dem Jahr 2010 belegt, dass es sich bei diesen Ländern vor allem um China, Südafrika, die Demokratische Republik Kongo, Chile, Bolivien und in geringerem Maße die USA und Russland handelt (Korinek/ Kim 2010). Somit stellt sich die Frage, welche Strategien die EU entwickelt und verfolgt, um die Versorgungssicherheit im europäischen Binnenmarkt mit strategisch wichtigen Rohstoffen für High-Tech-Produkte zu sichern.

Die folgende Analyse hat zum Ziel, diese Problematik als Schwerpunkt zu behandeln und sie mit zwei weiteren Themenkomplexen zu verknüpfen. Hierbei handelt es sich zum einen um die Strategie Europa 2020, die den Rahmen für die Politiken der EU bis zum Jahr 2020 vorgibt (vgl. KOM(2010)2020) und als Gradmesser für das erwähnte politische Umdenken dient, und zum anderen um die EU-Politiken im Bereich der Bewirtschaftung von Abfällen. Die für diese Untersuchung relevanten Inhalte der 2020-Strategie werden dabei in drei Thesen zusammengefasst, die dem Analyseprozess der aufgeworfenen Problematik eine inhaltliche Strukturierung verleihen. Die Ableitung der Thesen wird zu einem späteren Zeitpunkt erläutert. Sie lauten:

These 1

Um die in der Strategie Europa 2020 formulierten Ziele in den Bereichen Klimaschutz und Ressourcenschonung zu erreichen, werden in Zukunft unter anderem Technologien benötigt, die emissionsarme Energie und Mobilität zur Verfügung stellen.

These 2

Um die Ziele der Strategie Europa 2020 in den Bereichen Beschäftigungsquote und globale Wettbewerbsfähigkeit zu erreichen, muss der Zugang für die dafür benötigten Rohstoffe gesichert sein.

These 3

Um sowohl die ökonomischen als auch die ökologischen Ziele der Strategie Europa 2020 zu erreichen, ist die Nutzung von Abfällen als Rohstoffbasis mit dem Ziel einer Kreislaufwirtschaft im Bereich von Rohstoffen unabdingbar.

Wie bereits im Vorwort erwähnt werden die Abfallpolitiken untersucht, da die Rückgewinnung von Rohstoffen ein Mittel sein kann, die Versorgung mit knappen Materialien sicher zu stellen. Kernziel dabei ist es zu überprüfen, wie die Abhängigkeit Europas von den Importen bei bestimmten Metallen und Mineralien mit den Zielen der Strategie Europa 2020 zusammenhängt, welche Maßnahmen die EU zur Sicherung der Versorgung der Europäischen Industrie trifft und welche Rolle dabei die Möglichkeit spielt, in Europa vorhandene Abfälle als Rohstoffbasis zu nutzen. Diese drei Kernfragen werden im abschließenden Ausblick dieses Buches erneut aufgegriffen und diskutiert. Der inhaltliche Schwerpunkt der gesamten Untersuchung liegt dabei auf einer „Policy-Analyse" der Rohstoffinitiative der Europäischen Union, die seit dem Jahr 2008 besteht (vgl. KOM(2008)699).

Die Eignung der Politikfeldanalyse als adäquater Zugang zu der aufgeworfenen Problematik wird im nachfolgenden Kapitel 2 ausführlich erörtert. Einleitend sei jedoch darauf hingewiesen, dass die flexible Ausrichtung der Politikfeldanalyse ideal zur Untersuchung der vielschichtigen Struktur der Rohstoffpolitik im Bereich von nichtenergetischen Metallen und Mineralien geeignet ist. Dies kann damit begründet werden, dass die Rohstoffpolitik selbst als Querschnittspolitik bezeichnet werden kann, die unter anderem handels-, umwelt-, industrie-, entwicklungs- und klimapolitische Dimensionen beinhaltet (vgl. KOM(2008)699). Dieser Umstand wird auch die analytische Vorgehensweise dieser Arbeit determinieren. So werden im Verlauf der Policy-Analyse der Rohstoffinitiative der Europäischen Union z.B. ökonomische und ökologische Perspektiven und Daten verwendet. Diese Perspektivenwechsel dienen dazu, die Komplexität und die Vielschichtigkeit von Policies im Bereich der Rohstoffsicherung zu illustrieren. Als Quellen werden zum einen die offiziellen Dokumente der Europäischen Union dienen, die inhaltlich untersucht werden (jeweils ausführliche bibliografische Angaben im Literaturverzeichnis). Zum anderen werden wissenschaftliche Studien, Analysen und Positionspapiere sowie ökonomische Kennzahlen als Analysegegenstand herangezogen. Weiterhin stellt das Internet aufgrund der hohen Aktualität der Themenschwerpunkte und der deshalb oftmals fehlenden Sekundärliteratur eine wichtige Informationsquelle dar.

Das auszuwählende Forschungsdesign ist von zwei zentralen Variablen abhängig. Zum einen stellt sich die Frage, ob ein Einzelfall bzw. wenige Fälle untersucht werden oder ob es sich um eine große Zahl von Fällen handelt. Weiterhin ist die Frage zu beantworten, ob ein qualitatives oder ein quantitatives Vorgehen gewählt wird. Hierbei erscheint es logisch, dass qualitative Methoden in der Regel für Einzelfälle und eine geringe Anzahl von Fällen und quantitative Methoden zumeist für eine hohe Fallzahl gewählt werden (Schneider/ Janning 2006: 40ff). Der Vorteil von Fallstudien ist in diesem Zusammenhang, dass diese prinzipiell eine hohe Auflösung und Tiefenschärfe in der Beschreibung und Analyse von Politiken ermöglichen. Die Festlegung auf einen Fall, wie z.B. ein politisches Programm, kann zu einem detaillierten Einblick in Politikfelder und deren Charakteristika führen (Blatter/ Janning/ Wagemann 2006). Dieser Einblick kann dann mit existierenden theoretischen Ansätzen verknüpft werden, um vertiefende wissenschaftliche Erkenntnisse zu erhalten (Schneider/ Janning 2006: 41). Die vorliegende Arbeit enthält in Kapitel 5 eine qualitative Einzelfallstudie zur Rohstoffinitiative der Europäischen Union, die durch die Analysen in den übrigen Kapiteln in einen weiten Kontext gestellt wird. Sie kann aufgrund der großen Aktualität der zu analysierenden Dokumente und den Bezug auf Informationen aus verschiedensten Politikbereichen als bisher noch nicht durchgeführter Versuch einer systematischen Analyse der Politik der EU angesehen werden (Schneider/ Janning 2006: 40ff).

Um dem bisher dargestellten Erkenntnisinteresse nachzukommen, wird ein spezielles Forschungsdesign zur thematischen Verknüpfung der Analysegegenstände entwickelt. Hierfür ist als Vorarbeit die Auswahl geeigneter Analyseinstrumente aus dem Bereich der Policy-Analyse erforderlich (Kapitel 2). In Kapitel 3 werden anschließend unerlässliche historische Grundlagen in den Bereichen Umwelt- und Abfallpolitik in der Europäischen Union sowie zum Paradigma der Nachhaltigkeit für den weiteren Analyseprozess erarbeitet. Bevor das gewählte Analyse-Instrument dann Anwendung findet, wird die Strategie Europa 2020 aus induktiver Perspektive beschrieben, um den oben bereits erwähnten Gradmesser für die aktuelle politische Veränderung herauszuarbeiten (Kapitel 4). Aus den bis dahin gewonnen Erkenntnissen und einer Fokussierung auf die Behandlung von nichtenergetischen Metallen und Mineralien innerhalb der Leitinitiativen der Strategie werden die bereits erwähnten drei Thesen abgleitet, die die Strategie Europa 2020 thematisch mit der Rohstoffinitiative der EU verbinden und als Struktur für den weiteren Verlauf dieser Arbeit dienen. Anschließend wird die Rohstoffinitiative der Europäischen Union mit Hilfe des *Policy Cycle* analysiert (Kapitel 5). Aus den dabei gewonnen Erkenntnissen wiederum wird sich ein neues Diskussionsfeld eröffnen. Hierbei handelt es sich um das Kapitel, in welchem die Problematik der Versorgungssicherheit mit nichtenergetischen Rohstoffen im allgemeineren Kontext der Abfall-Politik der EU erörtert wird, um anschließend normative Handlungsansätze zur Weiterentwicklung der EU-Politiken aus allen Analysen abzuleiten (Kapitel 6) (Schneider/ Janning 2006: 43). Der eigentliche Kern der Untersuchung, nämlich die Policy-Analyse der EU-Rohstoffinitiative, wird somit von den Erkenntnissen in Kapitel 3, 4 und Kapitel 6 eingerahmt. In einem Ausblick wird über die Ergebnisse dieser Arbeit reflektiert (Kapitel 7).

2 Theoretischer Rahmen und Untersuchungsansatz

Die Untersuchung innerhalb dieses Buches basiert auf einer politikwissenschaftlichen und inhaltlich orientierten Policy-Analyse, die in Kapitel 5 durchgeführt wird und inhaltlich mit allen übrigen Kapiteln verknüpft ist. Als Analyse-Instrument wird dabei der so genannte *Policy Cycle* verwendet. Bevor dieser jedoch vorgestellt, von anderen Instrumenten abgegrenzt und für die vorliegende Untersuchung weiter operationalisiert wird, werden einige zentrale Begriffe erläutert. Denn um im Verlauf dieses Buches eine klare Strukturierung und eine möglichst genaue Abgrenzung der Analyse-Ebene sowie eine sinnvolle Ausgestaltung des gewählten Untersuchungsdesigns sicherzustellen, ist die Verwendung von eindeutig definierten Begriffen unerlässlich.

2.1 Die Policy-Analyse – eine Einordnung

Die Policy-Analyse bewegt sich seit ihrem Bestehen in einem Spannungsfeld zwischen dem Anspruch, theoriegeleitet Aussagen über die Wirklichkeit zu erlangen und Beiträge zur Theoriebildung zu liefern, sowie dem Ziel, mit empirischen Arbeiten Politik beratende Funktionen zu übernehmen. Hierin spiegelt sich eine Verbindung des anscheinenden Gegensatzes von Theoriediskurs und Wissenschaft auf der einen und konkreter Politikberatung auf der anderen Seite wider (Blum/ Schubert 2009: 16f). Durch die Integration einer praktischen bzw. beratenden Funktion, die eher einem US-amerikanischen Forschungsverständnis entspricht, wurde die Politikfeldanalyse auch als Betriebswirtschaftslehre der Politikwissenschaft bezeichnet (Schubert 1991). Nach Europa kam die Policy-Analyse in dieser Form deshalb erst in den 70er und verstärkt in den 80er Jahren, da ihr hier lange der Ruf der Unwissenschaftlichkeit aufgrund zu großer Praxisorientierung anhing und eine zu große Abhängigkeit von der praktischen Politik nachgesagt wurde. Heute ist sie jedoch auch in Europa als politikwissenschaftliche Teildisziplin anerkannt und fest etabliert (Blum/ Schubert 2009: 25). Einen Überblick über die Historie der Politikfeldanalyse findet sich z.B. bei Schubert (2009). Es ist mit Blick auf die Potenziale der Policy-Analyse in Europa weiterhin festzustellen, dass es gerade bei der Forschung zur Europäischen Union eine weltweit einmalige Situation gibt. Denn

> „[D]ie fortschreitende Integration der Europäischen Union seit dem Maastricht-Vertrag und die Vielzahl internationaler Vereinbarungen und Verpflich-

> tungen zwingen zur Abkehr von einer auf die nationalstaatliche Ebene beschränkten Politikfeldanalyse" (Nullmeier/ Wiesner 2003: 319).

Für die Politikfeldanalyse ist allgemein festzustellen, dass sie inhaltlich orientiert und multidisziplinär, problemlösungsorientiert und explizit normativ ausgerichtet ist (Schubert/ Bandelow 2009; Schneider/ Janning 2006: 40). Somit bietet sie einen idealen Zugang zum Thema dieser Arbeit und erlaubt eine Fokussierung auf die inhaltliche Dimension der Thematik. Denn bei der Analyse der EU-Politiken wird es vor allem um die inhaltliche Dimension der Problemlagen sowie deren normative Lösungsansätze gehen.

Um weiterhin der zu allgemeinen Bedeutung des Begriffs Politik in der deutschen Sprache in den folgenden Analysen entgegenzutreten, wird auf die aus dem Englischen entliehene und weit verbreitete Differenzierung des Politikbegriffs in *Polity*, *Politics* und *Policy* zurückgegriffen. Diese Unterscheidung ist eine Kategorisierung zu Analysezwecken, um der Komplexität des Politik-Begriffs Rechnung zu tragen (Schubert/ Bandelow 2009). Der Begriff *Polity* bezieht sich demnach auf die Institutionen, die sowohl politische Ideologien und Ideen, als auch die formalen Regeln und Normen eines politischen Systems einschließen (Schneider/ Janning 2006: 15). Hiermit ist z.B. der Bereich der politischen Ordnungen und Verfassungen gemeint. Von großer analytischer Bedeutung sind die sich daraus ergebenden Strukturen und Institutionen, wie das Regierungssystem eines Landes oder seine politische Kultur in Form von Normen und Werten (Blum/ Schubert 2009: 14).

Unter *Politics* ist im Allgemeinen der politische Prozess zu verstehen. Innerhalb dieses Prozesses versuchen Akteure mit verschiedenen Wertvorstellungen und Präferenzen Einfluss auf die Gestaltung von öffentlicher Politik zu nehmen. Das hat zur Konsequenz, dass zwischen den am Prozess beteiligten Akteuren ein Beziehungsgeflecht entsteht, in welchem sich Konflikte und Kooperationen manifestieren (Schneider/ Janning 2006: 15). Hier prallen unter anderem Meinungen, Interessen, Präferenzen und Ziele aufeinander. Dieser Vorgang ist vor allem dort zu verorten, wo im politischen System interessengeleitete Willensbildung und staatliche Entscheidungsfindung und Implementierung von Entscheidungen stattfinden. Es sind also diejenigen Prozesse, die allgemein verbindliche Entscheidungen herbeiführen (Blum/ Schubert 2009: 14).

Policy schließlich stellt die inhaltliche Dimension des Politikbegriffs dar. Policies können ihren Ausdruck unter anderem in den Inhalten von Gesetzen,

Programmen, Verordnungen und Einzelfallentscheidungen finden (Schneider/ Janning 2006: 15). Inhaltlich können so auch verschiedene Politikfelder wie die Gesundheitspolitik oder die Sozialpolitik aber auch die Rohstoff- oder die Recyclingpolitik ausgemacht werden (Blum/ Schubert 2009: 13). Bezeichnungen für Politikfelder und Abgrenzungen gegen andere

> „[...] Policies finden sich [...] in der politischen Debatte oder in Gesetzestexten. Was ein Politikfeld ist, wie es abzugrenzen ist und was als seine zentrale Thematik anzusehen ist, bestimmen hier die politischen Akteure" (Nullmeier/ Wiesner 2003: 286).

Bereits an dieser Stelle wird deutlich, dass die zuvor beschriebene Untersuchung in dieser Arbeit eindeutig in der Policy-Dimension zu verorten ist.

Grundsätzlich gibt es für die Erforschung der Policy-Dimension eine Reihe von Begriffen. Hierzu zählen unter anderem *Policy Studies*, *Policy Analysis*, Policy Forschung etc. Diese Begriffe werden in dieser Arbeit, soweit nicht anders definiert, synonym verwendet. Der Begriff *Policy* kann und soll in dieser Arbeit einer weiten Definition unterliegen. Eine *Policy* umfasst nach Streecker und Schmitter (1996) die verbindliche Festlegung bewerteter Handlungsoperationen oder Strategien, um bestimmte Ziele zu erreichen bzw. Probleme zu lösen. Aus dieser Sicht kann sich eine öffentliche Politik unter Umständen nicht nur auf staatliches Handeln beschränken, sondern auch Strategien privater Akteure einschließen, wenn sie auf die Erfüllung öffentlicher Aufgaben, der Produktion öffentlicher Güter oder die Lösung allgemeiner, gesellschaftlicher Probleme abzielen.

Im Fokus von Politikfeldanalyse stehen nun, wie bereits durch die Erläuterung des Begriffs *Policy* deutlich gemacht, konkrete materielle Politiken. Diesem Forschungsgegenstand wurde vor allem im 20. Jahrhundert eine wesentlich geringere Aufmerksamkeit innerhalb der Disziplin der Politikwissenschaft zuteil als der Erforschung von institutionellen und ideellen Bedingungen für Politik (*Polity*) oder von politischen Konflikt- und Konsensprozessen (*Politics*) (Schmidt 1997: 567f).

> „Das bedeutet nun aber keineswegs, dass Politikfeldanalysen sich auf die [...] [Policy-Dimension] beschränken könnten. Vielmehr bilden Strukturen und Institutionen [Polity] erst den Rahmen, innerhalb dessen sich politische Prozesse [Politics] vollziehen, die dann wiederum konkrete politische Inhalte [Policy] zum Gegenstand haben und konkrete politische Resultate hervorbringen [können]" (Blum/ Schubert 2009: 15).

Eine weitere analytisch wichtige Differenzierung des Policy-Begriffs ist die Unterscheidung zwischen *Policy-Output*, *Policy-Outcome* und *Policy-Impact*. Der Policy-Output bezeichnet dabei das Ergebnis, den Inhalt eines formalen Entscheidungsprozesses. Der *Policy-Outcome* ist das Ergebnis, welches durch die unmittelbare Aus- bzw. Durchführung der Materie des Outputs durch die Verwaltung oder eine befugte private Organisation entsteht. Die Auswirkungen, die durch den *Policy-Outcome* entstehen, werden schließlich als *Policy-Impact* bezeichnet (Blum/ Schubert 2009: 15). In der in diese Arbeit integrierten Policy-Analyse liegt der Fokus auf der Analyse der inhaltlichen Dimension der von der Europäischen Union veröffentlichten Dokumente zur Rohstoffinitiative von 2008. Die Politics- und Polity-Dimensionen spielen bei dieser Analyse eine untergeordnete Rolle. Im Fokus stehen stets die materiellen Politikinhalte. Der Umstand, dass die heranzuziehenden Dokumente überwiegend erst seit wenigen Monaten veröffentlicht sind, hat zur Folge, dass sich die Analysen weitgehend auf die Kategorie des *Policy-Output* beziehen. Der *Policy-Outcome* oder gar der Impact kann aufgrund der Zeitdimension nur teilweise in der Policy-Analyse im Kapitel 5 beurteilt werden. An den Stellen, an denen jedoch bereits Aussagen zum *Policy-Outcome* bzw. *-Impact* möglich sind, werden diese in die Analyse mit einbezogen.

Neben den soeben diskutierten Differenzierungen innerhalb des Politikbegriffs ist jedoch auch die Kenntnis einiger theoretischer Fachtermini erforderlich, um das Forschungsdesign dieser Untersuchung auszugestalten. Der Begriff des Konzepts z.B. bezeichnet Begriffsdefinitionen und begriffliche Unterscheidungen sowie die damit verbundenen inhaltlichen Komponenten. Mit Hilfe von Konzepten werden also wichtige Abgrenzungen vorgenommen (Blum/ Schubert 2009: 34). In theoretischen Ansätzen werden dagegen einzelne Konzepte und Aussagen in Beziehung zueinander gesetzt. Ein Ansatz ist dabei ein Sammelbegriff für wissenschaftliche Fachtermini wie Modell, analytischer Rahmen oder Theorie. Kombiniert man eben erwähnte Konzepte von Begriffen mit Aussagen, kann man zu Modellen gelangen (Blum/ Schubert 2009:34).

> „Modelle sind nie vollständig in sich geschlossen, sondern enthalten immer einen Bezug zur Empirie. Dadurch lassen sich aus Modellen sehr konkrete Aussagen über die Realität ableiten" (Blum/ Schubert 2009: 35).

Analytische Rahmen hingegen sind im Vergleich zu Modellen von einem höheren Abstraktionsgrad gekennzeichnet. Zwar sind auch sie nie vollständig in sich geschlossen, aber sie finden ihren externen Bezugspunkt nicht in der

Empirie, sondern durch die Verbindung verschiedener Theorien oder einzelner Theorieelemente (Schubert/ Bandelow 2009). Innerhalb eines analytischen Rahmens können also verschiedene theoretische Elemente und die Zusammenhänge zwischen diesen auf einer Art Metaebene analysiert werden. Ein solcher Prozess kann z.B. zur Weiterentwicklung von Theorien genutzt werden. Ebenso nützlich sind analytische Rahmen oder auch unterschiedliche allgemeine Theorien, die den empirischen Anwendungsbereich von theoretischen Konzepten insgesamt erweitern (Schubert/ Bandelow 2009). Theorien schließlich besitzen den höchsten Abstraktionsgrad und sind in sich geschlossen. Sie ermöglichen daher allgemeine Aussagen und bieten eine hohe Übertragbarkeit (Blum/ Schubert 2009: 36).

Festzuhalten bleibt, dass Modelle eher von einem niedrigen Abstraktionsgrad und einem höheren Empirie-Bezug gekennzeichnet sind. Theorien weisen demgegenüber in der Regel einen hohen Abstraktionsgrad und einen niedrigen Empirie-Bezug auf. Analytische Rahmen bieten eine Metaebene für die Behandlung von Theorieelementen. Welcher dieser Ansätze jeweils zur Anwendung kommt, richtet sich stets nach der konkreten Forschungsfrage eines Forschungsprojekts (Schubert/ Bandelow 2009).

2.2 Analytische Ansätze der Policy-Analyse

Bei der Auswahl der Analyseinstrumente für die Rohstoffpolitiken der Europäischen Union kommt es darauf an, einen möglichst flexiblen theoretischen Ansatz zu wählen, der den vielschichtigen Ansprüchen dieser Arbeit gerecht wird und der es erlaubt, verschiedene Konzepte zur Anwendung zu bringen und gleichzeitig die empirische Ausrichtung des Projekts unterstützt. Aus dieser Notwendigkeit wird ersichtlich, dass hier keine Weiterentwicklung von Theorien oder Theorieelementen das Ziel sein kann, sondern ausschließlich ein Rahmen benötigt wird, der die inhaltlichen Analysen strukturiert und in einem begrenzten Umfang Erklärungsmuster anbietet. Der theoretische Abstraktionsgrad dieser Arbeit ist also als sehr niedrig anzusetzen (Schubert/ Bandelow 2009).

An dieser Stelle sollen drei Analysekonzepte knapp vorgestellt werden. Hierbei handelt es sich zum einen um den *Policy Cycle*, ein Phasenmodell, das bis heute wohl das am meisten angewendete Instrument zur Strukturierung von Policy-Prozessen darstellt (Blum/ Schubert 2009: 101ff). Zum anderen wird in den Advocacy-Koalitionen-Ansatz eingeführt, der im Wesentlichen von

Paul Sabatier entwickelt wurde (z.B. Sabatier 1993) und der gerade in den letzten Jahren zu einem der ‚beliebtesten' Analyseinstrumente wurde (Rüb 2009). Zum dritten wird der Multiple-Streams-Ansatz andiskutiert, der wesentlich von John Kingdon geprägt wurde (Kingdon 1995), und seither von Nikolaos Zahariadis weiterentwickelt wird und besonders in den USA häufig Verwendung findet (Zahariadis 2007). Es sind diese Ansätze, von denen die Instrumente für die durchzuführende Analyse ausgewählt werden.

Der *Policy Cycle* basiert auf dem von David Easton (Easton 1965) entwickelten *System Model*. Dieses Modell teilt den politischen Prozess erstmals in vier Phasen ein. Die Phasen bilden einen Kreislauf des politischen Prozesses, der aus einer Umwelt (1) besteht, aus welcher ein Input (2) in ein politisches System (3) erfolgt. Aus diesem politischen System geht dann wiederum ein bestimmter Output (4) hervor, welcher zurück in die Umwelt ‚fließt'. Die Leistung Eastons liegt besonders darin, dass die Ergebnisse, der Output, nicht mehr allein dem politischen System zugeschrieben werden, sondern dass die Umwelt und deren Unterstützung oder Gegenwehr gegen einen Output einen wesentlichen Einfluss auf den Kreislauf von Policies besitzen (Blum/ Schubert 2 009: 23f). In Eastons Modell ist jedoch das politische System noch eine Art ‚Black Box', deren innere Vorgänge nicht betrachtet werden. Hier setzt nun der *Policy Cycle* an. Er gliedert den politischen Prozess in fünf Phasen (auch andere Phasenzahl möglich – allen Phaseneinteilungen ist jedoch der Fokus auf Politik als dynamischer Prozess der Problemverarbeitung gemein (Mayntz 1982)).

Die gängigste Variante der Phaseneinteilung gliedert den politischen Prozess in eine Problemwahrnehmungs-, eine Agendasetting-, eine Politikformulierungs- und Entscheidungs-, eine Implementierungs- sowie eine Evaluationsphase (Schneider/ Janning 2006: 50ff; Jann/ Wegrich 2009). Der *Policy Cycle* bietet die Möglichkeit, zielgerichtet Erkenntnisse über politische Prozesse zu gewinnen. Gleichzeitig lassen sich die einzelnen Phasen aber nur innerhalb des Modells so klar von einander abgrenzen. In der politischen Praxis nehmen sie oftmals andere Reihenfolgen an. Hier kann es zu Überschneidungen oder zum kompletten Wegfall einiger Phasen kommen. So ist es z.B. möglich, dass ein Politikzyklus keine Evaluation erfährt, sondern zuvor bereits ‚kurzgeschlossen' wird und der Cycle von neuem beginnt.

Dieses Konzept des Cycles wird auch als Heuristik bezeichnet (Blum/ Schubert 2009: 101). Den heuristischen Charakter des *Policy Cycle* gilt es deshalb bei seiner Anwendung zu berücksichtigen, um nicht der Gefahr zu unterliegen, die politische Empirie in ein theoretisches Gehäuse pressen zu wollen (Blum/ Schubert 2009: 101). Berücksichtigt man die Charakteristika des Cycle, so lassen sich mit seiner Hilfe komplexe Sachverhalte übersichtlich strukturieren. Das Phasenmodell will dabei keine Antwort auf alle Fragen geben, sondern einen Rahmen bieten, der entsprechend der Fragestellung und dem Erkenntnisinteresse ausgestaltet werden kann. Das Phasenmodell will als Heuristik lediglich ordnen, strukturieren und Komplexität reduzieren (Parsons 1995: 80ff; Blum/ Schubert 2009: 131f; Schneider/ Janning 2006: 62). Die folgende Abbildung verdeutlicht den idealtypischen Verlauf des *Policy Cycle*:

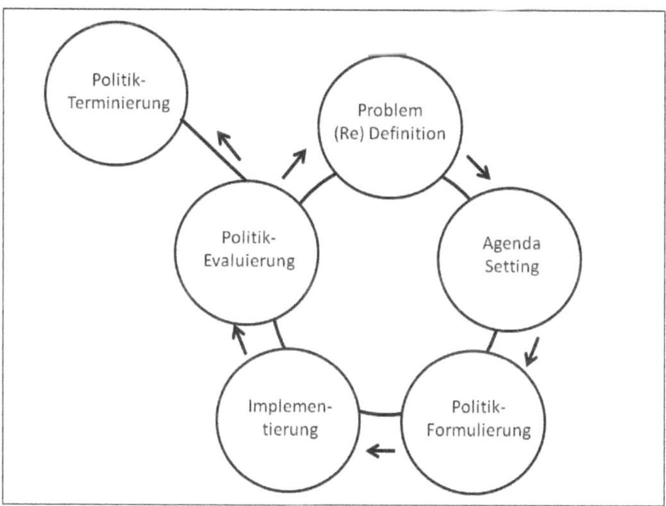

Abbildung 1: Der *Policy Cycle* (nach Jann/ Wegrich 2009 in: Blum/ Schubert 2009: 101)

Seit seiner Anwendung wurden dem *Policy Cycle* viele Schwächen nachgewiesen. So wird das Phasenmodell zu Recht als statisch kritisiert. Ebenso ist richtig, dass der Cycle keine kausalen Zusammenhänge formulieren kann. Er verknüpft keine aufeinander folgenden Aussagen, sondern seine einzelnen Phasen werden weitestgehend separat analysiert und für die einzelnen Phasen werden eigene Analyseinstrumente entwickelt (Blum/ Schubert 2009: 131). Paul Sabatier formuliert diese Kritik folgendermaßen:

> „It is not really a causal theory since it never identifies a set of causal drivers that govern the policy process within and across stages" (Sabatier 2007).

Eine weitere Kritik ist, dass die Phasenheuristik die Bedeutung von Ideen, Wissen, Information und Lernen in politischen Prozessen ignoriert. Auch aus dieser Kritik heraus ist der so genannte Advocacy-Koalitionen-Ansatz entstanden. Sabatier definiert Policy-orientiertes Lernen dabei als relativ stabile Veränderung des Denkens oder von Verhaltensintentionen, die aus Erfahrungen resultieren und die sich mit der Realisierung oder der Veränderung von Policy-Zielen beschäftigen (Sabatier 1993). Im Zentrum steht also das Interesse an politischer Veränderung. Der Ansatz fokussiert dabei das Ziel, die Grundlage für eine bessere Theorie der Politik zu entwickeln. Im Mittelpunkt steht also kein normativer Anspruch nach einer ‚besseren' Politik an sich (Bandelow 2009). Der Ansatz betrachtet bei seinen Analysen verschiedenste politische Akteure wie Einzelpersonen, politische Institutionen, Verbände etc. All diese Akteure bilden ein so genanntes Policy-Subsystem und definieren ihre Einstellungen und Ziele in *Beliefsystems* (Bandelow 2009). In einem Policy-Subsystem befinden sich dabei alle Akteure, die sich mit einem gleichen Policy-Problem beschäftigen. Jeder Akteur bildet innerhalb des Subsystems eine bestimmte Vorstellung und Interpretation des im Fokus stehenden Problems heraus.

> „Der Advocacy-Koalitionen-Ansatz geht weiter davon aus, dass sich Akteure im politischen Prozess engagieren, um die handlungsleitenden Orientierungen ihrer Beliefsystems in praktische Politik umzusetzen. Die Beliefsystems enthalten auf spezifische Politikausschnitte bezogene Wertvorstellungen, Annahmen über wichtige Kausalbeziehungen, Perzeptionen von Weltzuständen (z.B. Größenordnung von Problemen) und Auffassungen über die Wirksamkeit von Policy-Instrumenten" (Schneider/ Janning 2006: 195).

Akteure mit weitgehend identischen *Beliefsystems*, also Kernüberzeugungen bezüglich eines bestimmten Policy-Problems, können dann in den so genannten Advocacy-Koalitionen zusammengefasst werden. Dadurch werden innerhalb eines politischen Subsystems verschiedene Advocacy-Koalitionen aus Akteuren identifizierbar, die bezüglich der Lösung des politischen Problems untereinander im Konflikt stehen. Zwischen diesen verschiedenen Koalitionen kann es dann *Policy Broker* geben, die zwischen den Koalitionen vermitteln (z.B. hohe Beamte) (Bandelow 2009). Um politischen Wandel zu erklären, sind für diesen Ansatz zwei Faktoren entscheidend. Dies sind zum einen Umbrüche innerhalb des Subsystems, hervorgerufen durch Veränderungen in den Wertvorstellungen der Koalitionsmitglieder, und zum anderen Störungen und ungewöhnliche Veränderungen, die außerhalb des Policy-Subsystems liegen (Schneider/ Janning 2006) 196f). Um einen solchen Wandel analysieren zu können, wird seitens der Anwender des Ansatzes betont, dass eine Policy mindestens über einen Zeitraum von zehn Jahren beobachtet und analysiert werden muss, um ihre Wirkungen sinnvoll beurteilen zu können. Ebenfalls ist es notwendig, dass bei der Anwendung des Advocacy-Koalitionen-Ansatzes ein Policy-Subsystem inklusive aller seiner relevanten Akteure identifiziert werden kann (Schneider/ Janning 2006: 195).

Der Multiple-Streams-Ansatz nach Kingdon (1995) und Zahariadis (1997) verfolgt hingegen einen anderen Zugang bei der Analyse von politischen Handlungen und den Gründen hierfür. Bezug nehmend auf den *Policy Cycle* sucht der Ansatz vor allem Erklärungen dafür, warum gewisse Themen auf die Agenda gelangen (Agenda-Setting-Phase) und warum eine bestimmte Entscheidung getroffen wird (Entscheidungsphase). Um auf diese Fragen Antworten zu finden, liegt dem Multiple-Streams-Ansatz eine Gliederung in drei Ströme zugrunde (Blum/ Schubert 2009: 120). Der erste Strom (Problem-Strom) besteht dabei aus den öffentlich wahrgenommenen Problemen, die einer politischen Behandlung bedürfen. Damit sind alle Probleme gemeint, die simultan im politischen System gehandelt werden und um Anerkennung konkurrieren (Rüb 2009). Im zweiten Strom, dem Policy-Strom, befinden sich die Policies, die zur Lösung dieser Probleme entwickelt werden. Hierbei bilden alle möglichen Lösungsideen eine ‚Ursuppe', mit unzähligen Lösungsvorschlägen. Diese werden von Policy-Spezialisten in Netzwerken entwickelt, wie z.B. von Bürokraten, Interessenvertretern, Wissenschaftlern, Think Tanks etc. (Rüb 2009; Zahariadis 2007). Der dritte Strom (Politics-Strom) beinhaltet die auftretenden Konflikte und Interessenlagen. Die Dynamik dieses Stroms ist entscheidend dafür, welche Problemstellungen die politische Agenda erreichen. Als entscheidende Faktoren hierfür führt Kingdon die öffentliche Stimmung, Regierungswechsel oder Kampagnen von Interessengruppen an (Rüb 2009). Die drei Ströme fließen im Multiple-Streams-Ansatz theoretisch unabhängig voneinander. Die Hauptannahme des Ansatzes ist, dass Politikwandel dann erfolgt, wenn die drei Ströme miteinander gekoppelt werden (Blum/ Schubert 2009: 120f). Diese Kopplung wird von politischen Unternehmern, Entrepreneurs, durchgeführt, die so ihre Interessen durch einen politischen Wandel verwirklichen wollen. Das kann nur gelingen, wenn für ein geeignetes Problem passende Lösungsvorschläge existieren und die politischen

Konstellationen und Interessen günstig sind. Ist dies der Fall, so öffnet sich ein *Window of Opportunity* (Möglichkeitsfenster). Ein Fenster kann sich sowohl im Politics-Strom (z.B. Regierungswechsel) als auch im Problem-Strom (Ereignisse wie Umweltkatastrophen) öffnen. Ein immer entscheidenderer Faktor des Multiple-Streams-Ansatzes ist also die Zeit. Möglichkeits-/Zeitfenster werden z.B. aktiv von Politikern geöffnet, wenn sie plötzlich eine Chance sehen, ihre Positionen durchzusetzen. Zugleich gilt, dass Zeit für die Vorbereitung, die Alternativenauswahl und die Entscheidung im Policy-Prozess immer knapp ist. Informationen sind nie ausreichend, Alternativen nie systematisch abgewogen, die Folgen von Entscheidungen nie vollständig abgeschätzt. Dennoch werden Entscheidungen gefällt (Rüb 2009).

Der Multiple-Streams-Ansatz konnte hier nur sehr vereinfacht dargestellt werden, da er eine komplexe Theorie ist, die viele Variablen beinhaltet. Ein wichtiger Kritikpunkt an ihm ist jedoch, dass die Einteilung in drei unabhängig fließende Ströme in der Realität nicht existiert und dass die Rolle von Institutionen zu geringe Berücksichtigung findet (Rüb 2009). Der Fokus der Theorie liegt, wie schon erwähnt, klar auf der Fragestellung, wie politische Themen auf die politische Agenda gelangen und welche Akteure für diesen Prozess relevant sind.

2.3 Der *Policy Cycle* als geeignetes Instrument

Für die inhaltlich orientierte Ausrichtung dieser Arbeit erscheint es sinnvoll, für die Analyse der Rohstoffinitiative der Europäischen Union den *Policy Cycle* als Ausgangspunkt zu wählen und diesen an das zugrundeliegende Erkenntnisinteresse anzupassen. Es wäre zwar ein reizvolles Unterfangen, mit Hilfe des Advocacy-Koalitionen-Ansatzes zu überprüfen, ob zur Rohstoffpolitik der EU im Bereich von nicht-energetischen Rohstoffen ein Policy-Subsystem existiert und ob sich darin möglicherweise sogar Advocacy-Koalitionen mit differierenden *Beliefsystems* befinden, jedoch wäre dies im Sinne dieser Arbeit nicht zielführend. Weiterhin besteht die Rohstoffinitiative der EU erst seit dem Jahr 2008 als ‚eigenständiges Feld'. Somit wird sie auch dem zeitlichen Analyserahmen dieser Theorie nicht gerecht. Weiterhin steht nicht das politische Lernen von Akteuren im Mittelpunkt dieser Arbeit, sondern eine inhaltsorientierte Beurteilung von Policies. Im Sinne des Erkenntnisinteresses dieser Arbeit wird ein Analyseinstrument benötigt, welches normative Schlussfolgerungen zulässt. Diesem Anspruch kann auch der Multiple-

Streams-Ansatz nicht gerecht werden. Sein Hauptaugenmerk, nämlich die Analyse der Agenda-Setting-Phase, steht nicht im Mittelpunkt der vorliegenden Arbeit. Vielmehr ist es hier die Problemdefinition und die inhaltliche Dimension der Politikformulierungs- und Entscheidungsphase. Weiterhin wäre es im Rahmen dieser Arbeit nicht möglich, die Ganzheit der komplexen Policies und Akteure sowie deren Interessenlagen zu analysieren.

Zwei weitere Argumente, die gegen eine Anwendung des Advocacy-Koalitionen-Ansatzes und des Multiple-Streams-Ansatzes sprechen, sind, dass beide hoch entwickelte Theorien darstellen, also beide von einem hohen Abstraktionsgrad gekennzeichnet sind. Diese Ausarbeitung ist jedoch inhaltlich orientiert und strebt nicht nach einer möglichen Übertragbarkeit von theoretischen Ergebnissen. Weiterhin sind beide Theorien für die Analyse von nationalen Kontexten entwickelt worden. Es ist zwar möglich und auch bereits geschehen, diese auf die Prozesse innerhalb der Europäischen Union anzuwenden, jedoch bedarf dieses einiger Modifikationen. Auch dieser Umstand ist konträr zur inhaltlichen Ausrichtung dieser Arbeit (Bandelow 2009; Rüb 2009).

Der *Policy Cycle*, mit seinem Anspruch auf Strukturierung, Ordnung und der Reduktion von Komplexität, scheint hingegen geeignet für die Ziele dieses Projekts, auch wenn sich die Analyse der europäischen Rohstoffinitiative auf einige Phasen des Cycle beschränken wird. Hierbei handelt es sich unter Orientierung am im Vorwort und der Einleitung formulierten Erkenntnisinteresse um die Problemdefinition, die Politikformulierung der EU sowie erster erkennbarer Implementierungsaktivitäten (Phasen 1, 3 und 4 im *Policy Cycle*). Auch bietet er als Heuristik die nötige Freiheit für die Anwendung verschiedenster analytischer Konzepte bei der Betrachtung der Querschnittspolitik der Rohstoffversorgung in Verbindung mit den Erkenntnissen aus der Strategie Europa 2020. In Kapitel 5 wird die weitere Konzeptualisierung des *Policy Cycle* innerhalb dieses Buches weiter erläutert.

3 Historische Grundlagen der EU-Umwelt und -Abfallpolitik und das Paradigma der Nachhaltigkeit

Bevor nun mit der empirischen Analyse begonnen werden kann, gilt es in diesem Kapitel einige grundlegende Entwicklungen zu den Rechtsetzungskompetenzen bzw. den Gestaltungsmöglichkeiten der EU im Bereich der Umweltpolitik mit speziellem Fokus auf die Abfallwirtschaft nachzuzeichnen. Hierbei handelt es sich lediglich um Grundlagen, die die Umweltpolitik in der Gemeinschaft etablierten und die für das Verständnis der anschließenden Argumentation notwendig sind. Dem Leitbild einer nachhaltigen Entwicklung wird in diesem Kontext ein eigener Abschnitt gewidmet, da sich die EU bereits mit der Annahme des Vertrags von Amsterdam formell der Anwendung des Paradigmas der Nachhaltigkeit verschrieben hat. Herangezogen werden primär- und sekundärrechtliche Fortentwicklungen innerhalb der letzten circa 40 Jahre, wobei die Entwicklungen der letzten zehn Jahre an geeigneter Stelle im Anschluss an dieses Kapitel im eigentlichen Analyseteil aufgearbeitet werden.

3.1 Die Entstehung einer gemeinsamen Umweltpolitik

In den Gründungsverträgen (Römische Verträgen) der damaligen Europäischen Wirtschaftsgemeinschaft (EWG) war eine Rechtsetzungskompetenz für eine europäische Umweltpolitik nicht vorgesehen. So waren die ersten Jahre des europäischen Integrationsprozesses dann auch von Aktivitäten in den Politikfeldern Binnenmarkt, Industrie und Landwirtschaft geprägt. Gerade die gemeinsame europäische ökonomische Entwicklung ließ jedoch auch die daraus resultierenden Umweltbelastungen nicht nur stetig ansteigen, sondern sie wurde auch transnational wirksam. Diesem Umstand wurde auf europäischer Ebene erstmals im Jahr 1972 bei einem Gipfeltreffen der Staats- und Regierungschefs der Mitgliedsstaaten der EWG in Paris in Form einer breiten Diskussion über eine gemeinsame Umweltpolitik Rechnung getragen. Auf diesem Gipfel wurde vereinbart, eine gemeinschaftliche Politik zum Schutz der Umwelt zu entwickeln (Cord-Landwehr/ Kranert 2010: 19). Im Jahr 1973 schließlich wurde mit der Mitteilung zum ersten Umweltaktionsprogramm (UAP) (C 112 vom 20.12.1973) eine konkrete gemeinschaftliche Ausgestaltung der Umweltpolitik auf europäischer Ebene etabliert. Aufgrund der nicht ausdrücklich vorhandenen Verankerung von Rechtsetzungskompetenzen der

EWG im Bereich Umweltpolitik gründete sich die rechtliche Basis des gemeinsamen Aktionsprogramms auf eine Kombination aus der Präambel und den Artikeln 2 (harmonische Entwicklung des Wirtschaftslebens), 100 (Binnenmarkt) und 235 (Generalermächtigung) des Vertrags zur Europäischen Wirtschaftsgemeinschaft (EWGV) (vgl. Frenz 2011: 1297f).

Das erste Aktionsprogramm war unter anderem von vier entscheidenden Grundprinzipien geprägt, welche bis heute (sechstes Umweltaktionsprogramm bis 2012) Geltung behalten haben und mittlerweile auch eine primärrechtliche Qualität besitzen (siehe unten). Hierzu zählen der generelle Schutz der natürlichen Ressourcen, das Vorsorgeprinzip gegen Umweltbeeinträchtigungen, das Prinzip der Bekämpfung von Gefahren an ihrem Ursprung sowie das Verursacherprinzip (der Verursacher von Umweltbeeinträchtigungen ist für diese verantwortlich). Im siebten Kapitel des Aktionsprogramms wurden auch Maßnahmen im Zusammenhang mit der Beseitigung von Abfällen und Rückständen thematisiert. Hierbei fanden vor allem Abfälle Erwähnung, deren Beseitigung wegen ihrer Toxizität, ihrer mangelnden Abbaufähigkeit oder Sperrigkeit eine überregionale und/oder grenzüberschreitende Lösung erforderten (Cord-Landwehr/ Kranert 2010: 19; http://eur-lex.europa.eu/LexUriServ/LexUriServ.do?uri=CELEX:41973X1220:DE:HTML).

Im Anschluss an diese ‚Kompetenzaneignung' für die Umweltpolitik gab es bereits in den achtziger Jahren eine entscheidende Veränderung bezüglich der Grundlage für die Gemeinschaftszuständigkeit. Denn die zunehmende Erforderlichkeit grenzüberschreitender Umweltschutzmaßnahmen, die z.B. durch umweltbelastende Einzelereignisse deutlich wurden, und die Kritik an den als unzureichend empfundenen Kompetenzen der EWG in diesem Bereich führten 1987 mit der Vertragsänderung durch die Einheitliche Europäische Akte (EEA) zur Einfügung eines eigenständigen Kapitels „Umwelt" in den EWG-Vertrag und somit in das Primär-Recht. Die neu eingeführten Artikel 130r bis 130t EWGV knüpften inhaltlich an die vier bereits erwähnten Grundsätze aus dem ersten Umweltaktionsprogramm an. So wurde diesen Prinzipien mit der Vertragsänderung von 1987 in Artikel 130r Rechtsqualität zugewiesen. Weiterhin wurden als übergeordnete umweltpolitische Ziele die Erhaltung und der Schutz der Umwelt, der Schutz der menschlichen Gesundheit und die rationelle Verwendung von Ressourcen in den Vertrag integriert (Artikel 130r Abs. 1 EWGV). Eine weitere wichtige Neuerung fand ihren Niederschlag in Artikel 130r Abs. 4 EWGV. Denn über diesen Absatz wurde das Subsidiaritätsprinzip integriert, wonach die EWG im Bereich der Umwelt nur tätig wird, wenn die Ziele der Umweltpolitik besser auf Gemeinschaftsebene erreicht werden können als auf Ebene der Mitgliedstaaten. Eine weitere bis heute bedeutende Veränderung war die Einführung der so genannten Integrationsklausel in Artikel 103r Abs. 2. Die Klausel besagt verkürzt, dass die Erfordernisse des Umweltschutzes als Bestandteil aller übrigen Politiken der Gemeinschaften zu beachten sind.

Die ‚eigenständige' Aufnahme der Umweltpolitik in den EWGV bedeutet jedoch nicht, dass die bisherige oben beschriebene Rechtsgrundlage bedeutungslos geworden wäre. Diese konnte weiterhin genutzt werden, um Umweltstandards in anderen Politikfeldern zu etablieren. Somit besaß die EWG ab 1987 fundamentale Rechtsetzungskompetenzen im Bereich der Umweltpolitik (Frenz 2011: 1298f; http://www.bmlfuw.gv.at/article/articleview/27855/1/7246).

Mit den auf die EEA folgenden Vertragsänderungen erfuhr auch die Rechtssetzungskompetenz der EG bei Umweltfragen eine permanente Aufwertung (z.B. im Vertrag von Maastricht ab 1993). Für diese Analyse erwähnenswerte Änderungen ergaben sich mit dem Vertrag von Amsterdam, der 1999 in Kraft trat. In diesem Vertrag wurde das Prinzip einer nachhaltigen Entwicklung an mehreren Stellen in den Vertragstext integriert (vgl. Abschnitt 3.3 zur nachhaltigen Entwicklung). So wurde dieses Prinzip neben der Integration in die Präambel des Vertrags z.B. auch in Artikel 2 EGV aufgenommen. Dieser Artikel legte fest, dass durch die Errichtung eines gemeinsamen Marktes und einer Wirtschafts- und Währungsunion (seit dem Vertag von Maastricht) sowie durch die Durchführung der gemeinsamen Politiken eine harmonische, ausgewogene und nachhaltige Entwicklung des Wirtschaftslebens innerhalb der Gemeinschaft, ein beständiges, nichtinflationäres Wachstum sowie ein hohes Maß an Umweltschutz und die Verbesserung der Umweltqualität gefördert werden.

Mit Aufnahme des Prinzips der nachhaltigen Entwicklung in den Vertragstext wurde nun auch die Integrationsklausel in einem eigenen Artikel (6 EGV) fortentwickelt. So wurde die Umweltpolitik als Querschnittspolitik definiert, nach der die Erfordernisse des Umweltschutzes bei der Festlegung und Durchführung der Gemeinschaftspolitiken, insbesondere zur Förderung einer nachhaltigen Entwicklung, einbezogen werden.

Erwähnenswert ist weiterhin, dass mit dem Vertrag von Amsterdam die Rolle des Europäischen Parlaments (EP) bei der Umweltgesetzgebung signifikant aufgewertet wurde. So besaß das Parlament bis 1999 ausschließlich das Recht, bei der Umweltgesetzgebung angehört zu werden. Seit 1999 ist es durch das Mitentscheidungsverfahren (heute ordentliches Gesetzgebungsverfahren) ein vollwertiger Beteiligter mit Veto-Option gegenüber dem Rat. Mit dem Vertrag von Lissabon aus dem Jahr 2009 wurden die grundlegenden Zielsetzungen der EU-Umweltpolitik bestätigt und aktualisiert. So existieren aktuell vier Zielsetzungen:

I. Die Erhaltung und der Schutz der Umwelt sowie die Verbesserung ihrer Qualität;

II. Der Schutz der menschlichen Gesundheit;

III. Die umsichtige und rationelle Verwendung der natürlichen Ressourcen;

IV. Die Förderung von Maßnahmen auf internationaler Ebene zur Bewältigung regionaler oder globaler Umweltprobleme und insbesondere zur Bekämpfung des Klimawandels (Frenz 2011: 1298).

3.2 Die Entstehung einer EU-Abfallpolitik

Die erste konkrete Normsetzung für Abfälle und deren Behandlung, die für alle Mitgliedstaaten der damaligen EWG galt, war die im Jahr 1975 geschaffene Richtlinie über Abfälle (so genannte Abfallrahmenrichtlinie) 75/442/EWG (letzte Novellierung 2008 mit der Richtlinie 2008/98/EG). Somit wird deutlich, dass diese Richtlinie noch auf Basis der 1973 entwickelten Rechtsgrundlage für die Umweltpolitik, und hier speziell Artikel 100 und 235 EWGV, geschaffen wurde (Cord-Landwehr/ Kranert 2010: 19). Die Kernziele dieser Richtlinie waren der Schutz der menschlichen Gesundheit sowie der Umwelt gegen nachteilige Auswirkungen der Sammlung, Beförderung, Behandlung, Lagerung und Ablagerung von Abfällen sowie die Förderung der Aufbereitung von Abfällen und die Verwendung wiedergewonnener Materialien zum Erhalt der natürlichen Rohstoffquellen. Die europäische Abfallrahmenrichtlinie wurde im Jahr 1991 erstmalig novelliert und durch Anhänge zu Abfallgruppen, Beseitigungs- und Verwertungsverfahren ergänzt, die dem Basler Übereinkommen von 1989, eine Vereinbarung im Rahmen der OECD, entnommen wurden. Diese Richtlinie ist bis heute die allgemeine Grundlage des europäischen Abfallrechts. In ihrem Rahmen wurden und werden zahlreiche weitere Richtlinien und Verordnungen über bestimmte Abfälle und Sachverhalte erlassen. So wurden beispielsweise Richtlinien über Altölbeseitigung (1975), Titandioxid (1978), Verbrennungsanlagen für Siedlungsabfall (1989), Batterien und Akkumulatoren (1991 bzw. novelliert 2006), Verbrennung gefährlicher Abfälle (1994), Abfalldeponien (1999), Altfahrzeuge (2000), Abfallverbrennung (2000), Abfallstatistik (2002), gefährliche Stoffe in Elektro- und Elektronikgeräten (2003) und Elektro- und Elektronik-Altgeräte (2003) erlassen (Cord-Landwehr/ Kranert 2010: 19f).

Zusätzlich entwickelt die EU-Kommission besondere Strategien im Bereich der Abfallwirtschaft. Die aktuelle Strategie ist die thematische Strategie für Abfallvermeidung und Recycling (KOM/2005/666), die eine von sieben Initiativen im Rahmen des aktuellen 6. UAPs darstellt. Die Strategie enthält Ziele und Maßnahmen, mit denen die Umweltbelastungen aus der Erzeugung und Bewirtschaftung von Abfällen möglichst minimiert werden sollen. Sowohl in dieser Strategie als auch in der bereits erwähnten aktuellen Abfallrahmenrichtlinie 2008/98/EG wird das Ziel erwähnt, in der EU eine Recycling-Gesellschaft zu entwickeln, die entstehende Abfälle möglichst wieder zu neuen Rohstoffen wandelt und das Ziel einer Kreislaufwirtschaft verfolgt (vgl. KOM/2005/666; vgl. 2008/98/EG).

Wie aus den dargestellten Entwicklungen deutlich wird, basiert die heutige Abfallpolitik der EU auf den permanenten Kompetenzzuwächsen der Gemeinschaft im Bereich der Umweltpolitik. Dabei war die ursprüngliche Intention, die Gefahren für Mensch und Umwelt durch Abfälle zu verringern. Im heutigen gemeinsamen Binnenmarkt der Europäischen Union, der einen freien Warenverkehr impliziert, ist es nach wie vor unerlässlich, dass Abfälle umweltschonend und zweckmäßig beseitigt werden, aber andererseits verwertbare Abfälle in einem freien europäischen Binnenmarkt und Wettbewerb frei zirkulieren können, nicht zuletzt um sie bestmöglich verarbeiten zu können. In diesem Zusammenhang unterscheiden die EU-Gesetzgebung und der EuGH zwischen Abfällen zur Verwertung, die als Wirtschaftsgüter den Freiheiten des Binnenmarkts unterliegen, und Abfällen zur Beseitigung. Letztere unterliegen dem im EU-Abfallrecht verankerten Prinzip der Nähe, dem zu Folge Abfälle möglichst nah an ihrem Entstehungsort beseitigt werden müssen (vgl. bereits erwähntes Ursprungsprinzip). Somit ist die Bewirtschaftung der Abfälle zur Beseitigung durch das Prinzip der Nähe an lokale Gebietskörperschaften gebunden. Dadurch soll einer Ausbreitung und Verlagerung von Umweltbeeinträchtigungen entgegengewirkt werden. Ein weiteres elementares Prinzip im EU-Abfallrecht ist das Prinzip der Autarkie, welches besagt, dass jedes Mitgliedsland der EU und somit auch die gesamte Union ein eigenes Netz und eigene ausreichende Kapazitäten aufbauen muss, um Abfälle zur Beseitigung und gemischte Abfälle zur Verwertung aus privaten Haushalten behandeln zu können. Somit soll die Entstehung von Umweltbeeinträchtigungen verhindert werden und vor allem den Gefahren von Abfallexporten entgegengewirkt werden (vgl. vertiefend Richtlinie 2008/98/EG; Frenz 2011: 1328ff; http://www.umweltbundesamt-daten-zur-umwelt.de/umweltdaten/public/theme.do?nodeIdent=2308).

Es wird deutlich, dass die europäische Abfallpolitik heute eine komplexe Querschnittspolitik im Spannungsfeld von Umweltschutz, Binnenmarkt und Rohstoffgewinnung ist. An dieser Stelle konnte diese Komplexität allerdings nur skizziert werden.

Wie bereits erwähnt, hat die folgende Analyse zum Ziel, die Thematik der Rohstoffgewinnung von bestimmten Metallen und Mineralien am Beispiel der europäischen Rohstoffinitiative zu untersuchen und hieraus eine Verbindung zum Ansatz der Rohstoffsicherung aus Abfällen herzustellen. Dabei ist stets zu berücksichtigen, dass die Abfallpolitik für die Mitgliedsstaaten der EU aktuell ein ‚Spielfeld' mit mindestens drei Ebenen ist. Auf einer ersten globalen Ebene lassen sich das Umweltprogramm der Vereinten Nationen (UNEP) und die OECD als wichtige Akteure identifizierten, die mit der definitionsgemäßen Abgrenzung von Abfällen und Wirtschaftsgütern befasst sind. Weiterhin bieten sie Expertise in diesem Bereich. Die zweite und für diese Untersuchung zentrale Ebene ist die Europäische Union, die Normen in Form von Verordnungen und Richtlinien setzt. Thematisiert werden hierbei unter anderem Abfalldefinitionen und Anforderungen an die Vermeidung, Verbringung, Behandlung und Beseitigung von Abfällen. Dabei sind die Zielvorgaben im Interesse eines hohen Umweltschutzniveaus und eines fairen Wettbewerbs im gemeinsamen Binnenmarkt für alle Mitgliedstaaten gleichsam verbindlich. Auf Ebene drei, der nationalen Ebene, werden die europäischen Richtlinien in nationales Recht transformiert. Hinzutreten können zu diesen drei Stufen weitere Ebenen wie Föderalstaaten/Bundesländer oder lokale Ebenen (Cord-Landwehr/Kranert 2010: 3). Nicht zuletzt vor dem Hintergrund, dass die Rechtssetzungen auf europäischer Ebene verbindlich für die Mitgliedstaaten sind, wird der zweiten Ebene im Anschluss an dieses Kapitel die volle Aufmerksamkeit gewidmet.

3.3 Das Paradigma der Nachhaltigkeit

Dieser Abschnitt beleuchtet knapp die historischen Grundlagen sowie die inhaltliche Ausdifferenzierung des Nachhaltigkeitsbegriffs und der nachhaltigen Entwicklung. Der Grund für die nähere Behandlung dieser Begriffe ist, dass diese innerhalb der Thematik der vorliegenden Untersuchung in einer Vielzahl von Quellen und letztlich auch als zentrale Begriffe innerhalb der Strategie Europa 2020 verwendet werden. Ebenso wurde der Begriff der Nachhaltigkeit bereits in Abschnitt 1 dieses Kapitels im Rahmen der umweltrechtlichen Neuerungen des Vertrags von Amsterdam diskutiert.

Eine nachhaltige Entwicklung ist grundsätzlich ein Ansatz, der als Querschnittsaufgabe integrativ zu verstehen ist. Das Konzept muss daher als Grundlage aller Politikfelder begriffen werden (Brand 2000). Aus historischer Perspektive stammt der Nachhaltigkeitsbegriff aus der Forstwirtschaft. Er wurde im Zusammenhang mit dem einst für den Bergbau essenziellen Energieträger Holz erstmals 1713 durch Carl von Carlowitz in seinem Buch „Sylvicultura oeconomica“ genannt. Darin forderte von Carlowitz dazu auf, nur die Menge Holz zu fällen, welche im identischen Zeitraum nachwachsen kann (Grober 2004).

Ein eingehender Diskurs bezüglich des Nachhaltigkeitsbegriffs wurde jedoch erst circa 250 Jahre später durch den Club of Rome etabliert, der mit dem Ziel eines internationalen Gedankenaustausches zu Zukunftsfragen der Menschheit im Jahr 1968 gegründet wurde. Eben jener Club beauftragte 1970 ein Forscherteam um Dennis Meadows am Massachusetts Institute of Technology mit der Erstellung einer Studie zu den langfristigen Auswirkungen von Bevölkerungs- und Wirtschaftswachstum aus globaler Perspektive. Die Resultate der Studie fanden ihren Niederschlag in dem im Jahr 1972 veröffentlichten Buch „The Limits to Growth“, in welchem unter Zuhilfenahme eines systemdynamischen Weltmodells unter anderem die Frage beantwortet werden sollte, ob die damaligen Entwicklungspfade zu einem globalen Niedergang des Weltwirtschaftssystems und der Menschheit oder in eine nachhaltige Zukunft führen würden. Eines der damaligen Ergebnisse der Untersuchung war, dass bei einem Festhalten am eingeschlagenen Entwicklungskurs die Grenzen des Wachstums unter anderem durch Ressourcenabbau und Umweltbelastungen im Laufe des 21. Jahrhunderts erreicht würden (Meadows et al. 2004).

Die durch die Studie angestoßene Debatte um die Problematik knapper werdender Ressourcen wurde in der Folgezeit durch die Ölkrisen in den Jahren 1973 und 1979 noch verstärkt. Erste einheitliche Verwendungsweisen des Begriffs der nachhaltigen Entwicklung erfolgten dann in den 80er Jahren. Grundlage hierfür war die Veröffentlichung des Brundtland-Berichts im Jahre 1987 durch die Weltkommission für Umwelt und Entwicklung (WCED). So enthielt dieser Bericht erstmals die bis heute maßgebliche einheitliche Definition des Begriffs „Nachhaltige Entwicklung“ (engl. *sustainable development*):

> „Sustainable development is development that meets the needs of the present without compromising the ability of future generations to meet their own needs“ (WCED 1987).

Auf den Brundtland-Bericht folgte eine breite Auseinandersetzung unter Wissenschaftlern und Politikern. Das wesentliche Resultat dieser Debatte war, dass das Leitbild einer nachhaltigen Entwicklung auf der Konferenz der Vereinten Nationen für Umwelt und Entwicklung im Juni 1992 in Rio de Janeiro erstmals international anerkannt wurde. Auf dieser Konferenz wurde ein Aktionsplan für das 21. Jahrhundert, die Agenda 21, die als Konkretisierung des Nachhaltigkeitsbildes verstanden werden kann, verabschiedet.

Die Agenda 21 widmet sich in Teil I sozialen und wirtschaftlichen Dimensionen, in Teil II der Erhaltung und Bewirtschaftung der Ressourcen für die Entwicklung, in Teil III der Stärkung der Rolle wichtiger Gruppen und in Teil IV Instrumenten zur Umsetzung (vgl. BMU 1992). Für die Thematik der vorliegenden Studie ist Teil II von gesteigertem Interesse. Um einer Verknappung natürlicher Ressourcen in Form von Rohstoffen als auch von Tragfähigkeit der Umwelt für Emissionen und Abfälle entgegenzuwirken, forderte die Rio-Konferenz in der Agenda 21 eine effizientere Nutzung von Energie und Rohstoffen sowie die Minimierung des Abfallaufkommens. Als Ansatzpunkte werden dabei die Senkung des Energie- und Materialverbrauchs je Produktionseinheit bei der Erzeugung von Gütern und Dienstleistungen genannt. Eine wesentliche Forderung der Agenda ist weiterhin die Stärkung der Abfallvermeidung durch die Förderung des Recyclings auf Produktions- und Verbraucherebene, die Vermeidung aufwändiger Verpackungen und die Begünstigung der Einführung umweltverträglicher Produkte. Diese Forderungen werden als Voraussetzungen einer nachhaltigen Entwicklung in der Zukunft formuliert (Cord-Landwehr/ Kranert 2010: 8f).

Parallel zur und in Folge der Nachhaltigkeitsdiskussion auf der globalen Ebene fand auch in den Nationalstaaten ein lebhafter Diskurs in diesem Bereich statt. So wurde beispielsweise in Deutschland die Debatte über eine nachhaltig ‚zukunftsverträgliche' Entwicklung ab 1994 wesentlich von einer vom 13. Bundestag eingerichteten Enquête-Kommission „Schutz des Menschen und der Umwelt" geprägt. Ein zentrales Ergebnis der Kommissionsarbeit war ihr Abschlussbericht aus dem Jahr 1998, welcher zwei wesentliche Elemente enthält. Dies sind zum einen die Nutzungsregeln zur Definition einer nachhaltigen Entwicklung und zum anderen das so genannte Drei-Säulen-Modell. Die Nutzungsregeln, die bereits im Brundtland-Bericht Erwähnung fanden und durch die Kommission ergänzt wurden, betonen die ökologische Interpretation des Nachhaltigkeitsleitbildes und geben Verhaltensregeln zu Ressourcen-Abbau und anthropogenen Stoffeinträgen. Das Drei-Säulen-Modell erweitert das Nachhaltigkeitskonzept um eine ökonomische und soziale Dimension. Hierdurch soll die soziale, ökonomische und ökologische Leistungsfähigkeit langfristig gesichert werden (Brand/ Jochum 2000).

Ergänzend zu den drei Dimensionen des Nachhaltigkeitsbegriffs sei an dieser Stelle noch auf die Differenzierung zwischen schwacher und starker Interpretation des Nachhaltigkeitsbegriffs hingewiesen. Von schwacher Nachhaltigkeit ist in diesem Kontext auszugehen, wenn der Gesamtkapitalstock, der aus natürlichem und anthropogenem Kapital besteht, über die Zeit konstant bleibt. Die in diesem Ansatz angenommene Substitutionsmöglichkeit wird hingegen im starken Nachhaltigkeitskonzept, welches die Konstanz des natürlichen Kapitalstocks fordert, verneint (Meyer-Abich 2001). Im Ansatz der schwachen Nachhaltigkeit können demnach beispielsweise natürliche Ressourcen, wie seltene Metalle und Mineralien oder die Artenvielfalt, durch ökonomisches Kapital wie Sachgüter aufgewogen werden. Dagegen steht im Ansatz der starken Nachhaltigkeit das ökologische Kapital im Vordergrund. Es kann unter den Voraussetzungen der starken Nachhaltigkeit nicht durch soziales oder ökonomisches Kapital substituiert werden. Es ist im Kontext dieses Kapitels anzumerken, dass nicht vertiefend darauf eingegangen werden kann, wie ökologisches, ökonomisches und soziales Kapital in der Praxis im Verhältnis zueinander stehen und ggf. miteinander ‚verrechnet' werden könnten. Weiterhin ist zu berücksichtigen, dass nachhaltige Entwicklung kein statischer Begriff ist, sondern immer im Kontext der örtlichen, zeitlichen und kulturellen Bedingungen sowie des vorhandenen Wissens verstanden und weiterentwickelt werden muss. Eine universelle und präzise Definition ist deshalb kaum zu realisieren (Enquête-Kommission 1998).

In den letzten Jahren wurde der Begriff Nachhaltigkeit durch seine schwierige und oft unterschiedliche Definition verstärkt zu einem Modewort und einem Werbeslogan. Er wird, ähnlich wie das Präfix „Öko-", fälschlicherweise für Produkte, Dienstleistungen und Konzepte verwendet, die hinsichtlich eines einzelnen Aspekts weniger ‚schädlich' für die ökonomische und soziale Entwicklung oder die Umwelt sind, z.B. vergleichsweise wenig natürliche seltene Metalle ‚verbrauchen'. Diese Verwendung des Begriffs der Nachhaltigkeit und seine Interpretation ist deshalb stets im jeweiligen Verwendungsrahmen zu reflektieren. Im weiteren Verlauf dieser Untersuchung wird der Begriff der Nachhaltigkeit im Lichte der erarbeiteten Ergebnisse erneut aufgegriffen und reflektiert.

4 Die Strategie Europa 2020

Mit der Strategie Europa 2020 – eine Strategie für intelligentes, nachhaltiges und integratives Wachstum – hat sich die Europäische Union im Jahr 2010 ein umfangreiches und ambitioniertes strategisches Leitkonzept für ihre Aktivitäten bis zum Jahr 2020 gegeben (vgl. KOM(2010) 2020; EUCO 7/10). Das Ziel der Behandlung der Strategie Europa 2020 innerhalb dieses Buches besteht zum einen darin, den aktuellen Handlungsrahmen der europäischen Politik darzustellen und einen Gradmesser für die politische Zielrichtung der EU einzuführen, und zum anderen, daraus drei Thesen abzuleiten, die im Anschluss bei der Policy-Analyse der Rohstoffinitiativen der EU zur Strukturierung der Ausführungen genutzt werden. Die Thesen dienen also zur inhaltlichen Verknüpfung der Strategie Europa 2020 mit der EU-Rohstoffinitiative. Zu berücksichtigen ist bei der Analyse der Grundlagendokumente in diesem Kapitel, dass diese maximal zwölf Monate veröffentlicht sind. Dieses Faktum garantiert höchste Aktualität und spiegelt den Anspruch der Pionierarbeit der vorliegenden Abhandlung wieder. Allerdings ist diesem Umstand auch geschuldet, dass bisher wenig oder keine analytische Sekundärliteratur zu diesen Dokumenten zur Verfügung steht und die Grundsatzdokumente noch nicht mit weiteren Policies konkretisiert wurden. Demnach ist eine begrenzte Quellenlage in diesem Kapitel hinzunehmen.

Die Vorgängerinitiative der Europa 2020-Strategie der Europäischen Union, die so genannte Lissabon-Strategie, umfasste ein auf einem Sondergipfel der europäischen Staats- und Regierungschefs im März 2000 verabschiedetes Programm, das zum Ziel hatte, die EU innerhalb von zehn Jahren zum wettbewerbsfähigsten und dynamischsten wissensgestützten Wirtschaftsraum der Welt zu machen (http://www.europarl.europa.eu/summits/lis1_de.htm). Trotz einer Wiederbelebungsinitiative aufgrund mangelnder Ergebnisse der Strategie im Jahr 2005 (vgl. KOM(2005)24) konnte die Lissabon-Strategie jedoch auch schon vor dem Ausbruch der globalen Wirtschafts- und Finanzkrise ihren Zielen nicht gerecht werden (Fischer et al. 2009). Heute wird die Strategie weitgehend als gescheitert angesehen. Dennoch sollen wichtige Lehren aus ihr gezogen werden. Dieses galt vor allem bei der Konzeption der neuen Strategie Europa 2020 (Fritz-Vannahme et al. 2010; Kellermann et al. 2010).

4.1 Grundlage und Kernaussage der Strategie

Die Intentionen der neuen Strategie werden in folgendem Zitat deutlich:

> „Die Krise ist ein Weckruf. Wir müssen erkennen: ein ‚Weiter so wie bisher' würde uns in der neuen Weltordnung schrittweise in die Zweitrangigkeit zurückfallen lassen. Jetzt schlägt die Stunde der Wahrheit für Europa. Jetzt ist die Zeit für entschlossenes und ambitioniertes Handeln" (vgl. KOM(2010) 2020).

So äußerte sich Kommissionspräsident Jose Manuel Barroso im Vorwort der Ausführungen zur 2020-Strategie. Die Aufgabenverteilung bei der Durchsetzung der Strategie stellt sich so dar, dass der Europäische Rat für die neue Strategie verantwortlich ist. Die Kommission analysiert die Fortschritte bei der Verwirklichung der Ziele, sie arbeitet die notwendigen Vorschläge aus, um die Maßnahmen zu steuern und um die Leitinitiativen der EU zu einer Wirkung zu verhelfen. Das Europäische Parlament soll einen wichtigen Beitrag zur Mobilisierung der Bürger leisten und bei bedeutsamen Vorhaben als Mitgesetzgeber fungieren (vgl. KOM(2010)2020). Im Fokus aller weiteren Analysen zur Strategie steht hier die Rolle der Kommission zusammen mit den von ihr hervorgebrachten *Policy-Output*. Im Folgenden werden die Strategie knapp zusammengefasst und deren Grundprinzipien dargestellt. Die Ziele der Strategie werden ebenfalls behandelt und durch einige Daten veranschaulicht, um die Dimensionen von Europa 2020 mit einem Realitätsbezug zu versehen. Anschließend werden die für den Fortgang dieser Arbeit relevanten Elemente identifiziert und vertiefend behandelt. Den Ausgangspunkt von Europa 2020 bilden drei Hauptprioritäten und fünf Kernziele, die im Jahr 2020 als Maßstab zur Überprüfung für den Erfolg der Strategie dienen sollen. Die Kernprioritäten, denen eine Interdependenz unterstellt wird, lauten:

1. Intelligentes Wachstum – Entwicklung einer auf Wissen und Innovation gestützten Wirtschaft;

2. Nachhaltiges Wachstum – Förderung einer Ressourcen schonenden, ökologischeren und wettbewerbsfähigeren Wirtschaft;

3. Integratives Wachstum – Förderung einer Wirtschaft mit hoher Beschäftigung und ausgeprägtem sozialen und territorialen Zusammenhalt (vgl. KOM(2010)2020).

Die Kernziele bis zum Jahr 2020 werden definiert mit:

- 75% der Bevölkerung im Alter von 20 bis 64 Jahren sollen in Arbeit stehen;
- 3% des Bruttoinlandprodukts der EU sollen für Forschung und Entwicklung aufgewendet werden;
- Die 20-20-20-Klimaschutz-/ Energieziele sollen erreicht werden (einschließlich einer Erhöhung des Emissionsreduktionsziels auf 30%, falls die entsprechenden Voraussetzungen erfüllt sind);
- Der Anteil der Schulabbrecher soll auf unter 10% abgesenkt werden; mindestens 40% der jüngeren Generation sollen einen Hochschulabschluss haben;
- Die Zahl der armutsgefährdeten Personen soll um 20 Millionen sinken (vgl. KOM(2010)2020; Sohn/ Kullas 2010a).

Um die Ziele in ein greifbares Verhältnis zur Realität zu bringen, werden diese nun mit Hilfe von möglichst aktuellen Daten unterlegt. Bis 2020 sollen demnach 75% der Menschen im Alter zwischen 20 und 64 Jahren in einem Beschäftigungsverhältnis stehen. 2010 lag diese Quote für Frauen bei 60,3% und für Männer bei 75,0%. Jedoch müssen bei diesem Ziel auch die erwarteten Auswirkungen des demographischen Wandels bis 2020 berücksichtigt werden (Westphal 2010). Das Ziel, im Jahr 2020 3% des Bruttoinlandprodukts für Forschung und Entwicklung aufzuwenden, bedeutet eine deutliche Steigerungsrate. Im Jahr 2007 lag dieser Wert laut Eurostat für die EU 27 bei 1,84%. Dieser dürfte sich während der Wirtschafts- und Finanzkrise nicht erhöht haben (Eurostat 127/2009). Die Klimaschutzziele sowie der Weg zum Erreichen dieser werden derzeit noch zwischen der Europäischen Union und ihren Mitgliedstaaten verhandelt. Der im Europa 2020-Ziel erwähnte Minimalkonsens, die so genannte 20-20-20-Formel sagt aus, dass bis zum Jahr 2020 in der EU 20% weniger CO_2 ausgestoßen werden soll als noch 1990, 20% der Energie aus erneuerbaren Quellen stammen soll und die Energie-Effizienz um 20% erhöht werden soll (http://ec.europa.eu/climateaction/eu_action/index_de.htm; und vertiefend: Fahrplan für den Übergang zu einer wettbewerbsfähigen CO_2-armen Wirtschaft bis 2050 (vgl. KOM(2011)112)).

Zum Vergleich: Der Anteil des Energieangebots aus erneuerbaren Quellen in den Staaten der EU 27 lag im Jahr 2008 bei circa 10,3% (Eurostat 103/2010). Die Zahl der Schulabbrecher (Abschluss der Sekundarstufe I oder darunter) lag im Jahr 2009 EU-weit bei 14,4%. Hier ist also eine deutliche Reduktion das Ziel (vertiefend: Bekämpfung des Schulabbruchs – ein wichtiger Beitrag zur Agenda Europa 2020 KOM(2011)18)). Im Bereich der Hochschulausbildung lag die Quote derer, die in der Europäischen Union über einen Hochschulabschluss verfügen, in der Altersgruppe zwischen 25 und 34 Jahren bei 30%. Hier ist eine Steigerung um ein Drittel vorgesehen (Eurostat 58/2009). Die Zahl der Menschen, die derzeit (Daten von 2010) von Armut bedroht sind, liegt europaweit bei circa 17%. Dieses entspricht einer Zahl von ca. 85 Millionen Menschen (http://ec.europa.eu/deutschland/press/pr_releases/8960_de.htm).

Zur Erreichung der genannten Ziele hat die Europäische Kommission einen dualen Ansatz etabliert. Hiernach entwickelt die EU-Kommission erstens Leitinitiativen, in denen Prioritäten und Kernziele miteinander verknüpft werden (EU-Ebene), und zweitens ein System von Länderberichten, das die Mitgliedstaaten dabei unterstützen soll, eigene Strategien für die Rückkehr zu wirtschaftlichem Wachstum und soliden öffentlichen Haushalten auszuarbeiten (vgl. KOM(2010)2020). Da die vorliegende Studie die Politiken auf EU-Ebene im Fokus hat, werden im Folgenden auch nur die entwickelten sieben Leitinitiativen dargestellt und hiervon die relevanten Bereiche weiterbehandelt. Die Leitinitiativen lauten:

1. „Innovationsunion" – um die Rahmenbedingungen und den Zugang zu Finanzmitteln für Forschung und Innovation zu verbessern;

2. „Jugend in Bewegung“ – um die Bildungssysteme leistungsfähiger zu machen und den Jugendlichen den Eintritt in den Arbeitsmarkt zu erleichtern;

3. „Digitale Agenda für Europa“ – um den Ausbau schneller Internet-Zugangsdienste zu beschleunigen und die Vorteile eines digitalen Binnenmarktes für Haushalte und Unternehmen zu nutzen;

4. „Ressourcenschonendes Europa“ – um das Wirtschaftswachstum von der Ressourcennutzung abzukoppeln, den Übergang zu einer emissionsarmen Wirtschaft zu unterstützen, die Nutzung erneuerbarer Energieträger und die Energieeffizienz zu fördern sowie unser Verkehrswesen zu modernisieren;

5. „Industriepolitik im Zeitalter der Globalisierung" – um die Rahmenbedingungen für Unternehmen zu verbessern und eine international wettbewerbsfähige, starke und tragfähige Industriestruktur zu fördern;

6. „Agenda für neue Kompetenzen und neue Beschäftigungsmöglichkeiten“ – um die Arbeitsmärkte zu modernisieren, den Menschen durch den lebenslan-

gen Erwerb von Qualifikationen neue Möglichkeiten zu eröffnen und so die Erwerbsquote zu erhöhen;

7. „Europäische Plattform zur Bekämpfung der Armut" – um den sozialen und territorialen Zusammenhalt zu gewährleisten, damit die Vorteile von Wachstum und Beschäftigung allen zu Gute kommen (vgl. KOM(2010)2020).

Diese Leitinitiativen wurden entwickelt, um im Wesentlichen zwei in der Europa 2020-Strategie dominierenden Herausforderungen der Zukunft Rechnung zu tragen. Diese werden zwar nicht explizit in der Mitteilung zur Strategie auf zwei Dimensionen reduziert, sie können aber aus den allgemeinen Zielsetzungen herausgearbeitet werden. Hierbei geht es zum einen um die ökonomische Wettbewerbsfähigkeit des europäischen Binnenmarkts und der in ihm beheimateten Menschen und Unternehmen (z.B. inklusive der Beschäftigungs- und Bildungsziele oder der digitalen Agenda). Dabei wird vor allem die Konkurrenz zu den USA und Japan betont, aber auch die Tatsache der aufstrebenden Schwellenländer wie Indien, China, Brasilien oder Russland als globale Mitbewerber dargestellt (vgl. KOM(2010)2020). Zum anderen werden, verbunden mit dem Ziel der Wettbewerbsfähigkeit, Herausforderungen bei den Umweltbedingungen definiert. So wird postuliert, dass der Klimawandel und die Rohstofflage einschneidende Maßnahmen verlangen.

Die Annahme des Anwachsens der Weltbevölkerung von 6 auf 9 Milliarden Menschen bis 2050, so wird weiter festgestellt, wird den weltweiten Wettbewerb um die natürlichen Ressourcen forcieren und die Umwelt großen Belastungen aussetzen. Die EU muss demnach fortfahren, eine weltweite Lösung der Probleme des Klimawandels herbeizuführen und im ganzen Gebiet der Union die vereinbarte Klima- und Energiestrategie zu verwirklichen. Für diese Herausforderungen sind vor allem Investitionen in emissionsarme Technologien notwendig. Diese dienen der Bekämpfung des Klimawandels, schützen die Umwelt und schaffen nicht zuletzt neue Geschäfts- und Beschäftigungsmöglichkeiten (vgl. KOM(2010)2020).

Im Folgenden sollen nun die Leitinitiativen „Ressourcenschonendes Europa" und „Industriepolitik im Zeitalter der Globalisierung" näher beleuchtet werden, da diese beiden Bereiche auf besondere Weise mit der Rohstoffinitiative und der Versorgungssicherheit mit unabdingbaren Metallen und Mineralien verbunden sind. Dieser Schluss kann auch damit untermauert werden, dass die EU-Rohstoffinitiative in den Mitteilungen der beiden ausgewählten Leitinitiativen eine explizite Erwähnung findet, in den übrigen bisher erschienen Leitinitiativen jedoch nicht.

4.2 Leitinitiative „Ressourcenschonendes Europa“

Grundlage dieses Abschnitts ist die Mitteilung der Europäischen Kommission vom 26.01.2011 KOM(2011)21 „Ressourcenschonendes Europa – eine Leitinitiative innerhalb der Strategie Europa 2020“ sowie die jüngst erschienene Mitteilung „Fahrplan für ein ressourcenschonendes Europa“ KOM(2011)571 der Kommission. Diese zwei Mitteilungen werden in diesem Abschnitt knapp mit Fokus auf das Oberthema der metallischen und mineralischen Rohstoffe zusammengefasst. Somit wird herausgearbeitet, wie die Versorgung mit nichtenergetischen Metallen und Mineralien innerhalb der Initiative diskutiert wird. Die Grunderkenntnis aus der Mitteilung KOM(2011)21 zur Leitinitiative ist dabei, dass die europäische und die globale Ökonomie und Lebensqualität grundsätzlich von natürlichen Ressourcen abhängen. Hierzu gehören Rohstoffe wie Brennstoffe, Mineralien und Metalle, aber auch Nahrungsmittel, Boden, Wasser, Luft, Biomasse und Ökosysteme.

Durch das Aufstreben von Schwellenländern und das Wachstum der Weltbevölkerung wird die Nachfrage nach all diesen Ressourcen deutlich steigen. So ist die Verfügbarkeit von Ressourcen laut vorliegendem Dokument eine existenzielle Frage (vgl. KOM(2011)21). Diese Situation schafft die Notwendigkeit, dass Ressourcen höchsteffizient genutzt werden. Hier müssen laut Leitinitiative sowohl Verfahren geschaffen werden, Rohstoffe und Rohstoffpreise in der Zukunft verfügbar und stabil zu halten, als auch neue innovative Technologien bereitgestellt werden, um die Wettbewerbsfähigkeit Europas global zu sichern und neue Arbeitsplätze zu generieren (vgl. KOM(2011)21). Eine zentrale Rolle soll hier in Zukunft dem Recycling von Rohstoffen zukommen.

> „Eine Ausweitung des Recyclings wird die Engpässe bei der Versorgung mit Rohstoffen abbauen helfen, die Wiederverwendung von wertvollen Stoffen fördern, die andernfalls ungenutzt weggeworfen würden, und den für die Rohstoffgewinnung und -verarbeitung nötigen Energieverbrauch und die dabei entstehenden Treibhausgasemissionen verringern“ (vgl. KOM(2011)21).

Jedoch sind diese Vorhaben immer mit vielschichtigen Problematiken konfrontiert. ‚Umweltfreundliche‘ Autos z.B. verringern den Verbrauch von fossilen Brennstoffen, allerdings benötigt man zu ihrer Herstellung mehr Strom und Rohstoffe, von denen manche Lieferbeschränkungen unterliegen und nur in bestimmten Regionen der Welt vorkommen (vgl. KOM(2011)21). Aber auch um die europäischen und globalen Ziele beim Klimaschutz zu erreichen und gleichzeitig Produkte im europäischen Binnenmarkt zu produzieren, die weltweit gefragt sind, müssen in Europa hochinnovative Technologien für eine Energieversorgung entwickelt werden, die nicht auf dem Verbrauch von natürlichen fossilen Ressourcen basiert. Hierbei ist es zukünftig erforderlich, den gesamten Lebenszyklus der Ressourcennutzung einschließlich der Wertschöpfungskette zu betrachten. Das Fernziel der Initiative lautet, in Europa eine Recyclinggesellschaft zu etablieren, die so weit wie möglich ihre Rohstoffbasis aus einer Kreislaufwirtschaft sichern kann (vgl. KOM(2011)21).

Der „Fahrplan für ein ressourcenschonendes Europa“ konkretisiert die Ziele aus der Leitinitiative zur Ressourcenschonung. Er thematisiert die Bewirtschaftung und Nutzung der natürlichen Ressourcen inklusive Wasser, Luft, Boden, Metalle, Ökosysteme/Biodiversität etc. und definiert Zielmarken für den zukünftigen Umgang mit natürlichen Ressourcen bis 2020 bzw. Langfristziele bis 2050. Jede Person in der EU verbraucht aktuell im Durchschnitt 16 Tonnen an Werkstoffen pro Jahr. Davon werden sechs Tonnen zu Abfällen, von denen wiederum drei Tonnen einer Abfalldeponie zugeführt werden. Diese Zahlen verdeutlichen die dringende Erforderlichkeit nach einer Effizienzsteigerung bei der Nutzung von Werkstoffen und einem Wandel

> „in Bezug auf [die Erzeugung von] Energie, [die Produktionsweise der] Industrie, Landwirtschaft, Fischerei und Verkehrssysteme, in Bezug auf das Verhalten von Erzeugern sowie von Verbraucherinnen und Verbrauchern und in Bezug auf technische Innovationen“ (vgl. KOM(2011)571).

Der Fahrplan verfolgt dabei die Vision, dass

> „die Wirtschaft [...] [bis 2050] wettbewerbsfähig und integrativ [ist] und [...] einen hohen Lebensstandard bei deutlich geringerer Umweltbelastung [bietet]. Alle Ressourcen werden nachhaltig bewirtschaftet, von Rohstoffen bis hin zu Energie, Wasser, Luft, Land und Böden. Die Etappenziele des Klimaschutzes wurden erreicht, während die Biodiversität und die Ökosystemleistungen, die sie unterstützt, geschützt und wertbestimmt werden und im Wesentlichen wiederhergestellt sind“ (vgl. KOM(2011) 571).

Im Hinblick auf die Nutzung von Rohstoffen ist das Ziel des Fahrplans, die Nutzung von diesen deutlich effizienter zu gestalten:

> „Im Jahr 2007 verbrauchte die Wirtschaft in der Europäischen Union insgesamt mehr als 8 Mrd. Tonnen Werkstoffe. Wir könnten diese Menge senken und gleichzeitig die Produktion und die Wettbewerbsfähigkeit steigern. Durch eine bessere Wiederverwendung von Rohstoffen durch verstärkte ‚Industriesymbiose' (bei der einige Firmen die Abfälle anderer Firmen als Ressource nutzen) in der gesamten EU könnten darüber hinaus 1,4 Mrd. EUR im Jahr gespart und Verkäufe im Wert von 1,6 Mrd. EUR generiert werden" (vgl. ebd.).

Der Fahrplan für ein ressourcenschonendes Europa thematisiert des Weiteren explizit die innerhalb dieser Analyse relevanten Themen in den Bereichen des Umgangs mit Abfall und der Versorgung Europas mit Metallen und Mineralien. So sollen die Unternehmen dabei unterstützt werden in einer Weise zusammenzuarbeiten, sodass sie ihre Abfälle und Nebenprodukte bestmöglich nutzen können (z.B. durch Industriesymbiosen, bei welchen Abfälle von Unternehmen durch andere Firmen weitergenutzt werden) (vgl. KOM(2011) 571).

Da in der Europäischen Union jedes Jahr 2,7 Milliarden Tonnen Abfall anfallen, von denen 98 Millionen Tonnen gefährliche Abfälle darstellen, soll diese immense Materialmasse verstärkt als Rohstoffbasis genutzt werden. Denn wiederverwendet oder recycelt werden bisher im Durchschnitt nur 40% der gesamten Abfälle in der EU. Die übrigen Abfälle werden auf Deponien gelagert oder in Verbrennungsanlagen entsorgt. Das Gesamtabfallaufkommen in der EU ist dabei zwar stabil, doch wird z.B. die Menge der Elektro- und Elektronik-Altgeräte allein zwischen 2008 und 2014 schätzungsweise um rund 11% zunehmen (vgl. ebd.). In einigen Mitgliedsstaaten der EU liegt die durchschnittliche Recycling-Rate von Abfällen bereits heute bei bis zu 80%. Dieser Fakt zeigt, dass hohe Recycling-Quoten möglich sind. Diese Potenziale müssen in der EU flächendeckend genutzt werden, denn

> „eine bessere Abfallbewirtschaftung ermöglicht eine bessere Ressourcennutzung und kann neue Märkte erschließen, Arbeitsplätze schaffen sowie die Abhängigkeit von Rohstoffeinfuhren und die Umweltauswirkungen verringern" (vgl. KOM(2011571).

Die Kernziele bezüglich der Bewirtschaftung von Abfällen werden im Fahrplan folgendermaßen zusammengefasst:

I. Die bestehenden Ziele auf den Gebieten Vermeidung, Wiederverwendung, Recycling, Verwertung und Abkehr von Deponien im Jahr 2014 sollen überprüft werden, um zu einer auf Wiederverwendung basierenden Wirtschaft überzugehen, in der das Restabfallaufkommen nahe Null liegt;

II. Ab 2012 soll die Einführung von Mindestanteilen für recycelte Werkstoffe geprüft, Haltbarkeits- und Wiederverwendbarkeitskriterien gefördert sowie die Ausweitung der Verantwortung der Hersteller bei wichtigen Erzeugnissen ebenfalls geprüft werden;

III. In den Jahren 2013 bis 2014 soll weiterhin geprüft werden, auf welchen Gebieten die Rechtsvorschriften für die verschiedenen Abfallströme angeglichen werden könnten, um die Kohärenz zu verbessern;

IV. Innerhalb der EU und mit den internationalen Partnern soll darauf hingearbeitet werden, dass die illegale Verbringung von Abfällen, insbesondere von gefährlichen Abfällen, unterbunden wird;

V. Die Mitgliedstaaten sollen durch ihre nationalen Abfallvermeidungs- und -bewirtschaftungsstrategien die vollständige Durchführung des EU-Abfallrechts, einschließlich der Mindestziele, sicherstellen (vgl. KOM(2011)571).

Das so genannte Etappenziel bis in das Jahr 2020 für die Bewirtschaftung von Abfällen innerhalb der EU lautet zusammengefasst, dass Abfall spätestens im Jahr 2020 konsequent und flächendeckend als Ressource bewirtschaftet wird. Das Pro-Kopf-Abfallaufkommen soll dabei in absoluten Zahlen sinken. Durch die Schaffung einer verbreiteten getrennten Sammlung von Abfällen und die Entwicklung funktionierender Märkte für Sekundärrohstoffe sollen das Recycling und die Wiederverwendung von Abfällen wirtschaftlich attraktive Optionen für Akteure des öffentlichen und des privaten Sektors darstellen. Dabei sollen mehr und mehr Werkstoffe, besonders solche, die erhebliche Auswirkungen auf die Umwelt haben, sowie kritische Rohstoffe, prioritär recycelt werden. Dabei soll die energetische Verwertung auf nicht recyclingfähige Werkstoffe begrenzt und eine komplette Abkehr von der Abfalldeponierung erreicht werden (vgl. ebd.). In Bezug auf den Umgang mit Metallen und Mineralien im Kontext des Fahrplans zur Ressourcenschonung wird explizit auf die EU-Rohstoffinitiative und deren Inhalte verwiesen.

> „Eine effizientere Verwendung von natürlichen Ressourcen wie Metallen und Mineralien ist ein wesentlicher Aspekt der Ressourceneffizienz. Auf die spezifischen Risiken, einschließlich der Versorgungssicherheit, wird in der Rohstoff-Initiative eingegangen [...]" (vgl. KOM(2011)571).

4.3 Leitinitiative „Industriepolitik im Zeitalter der Globalisierung"

In ihrer Mitteilung KOM(2010)614 „Eine integrierte Industriepolitik für das Zeitalter der Globalisierung – Vorrang für Wettbewerbsfähigkeit und Nachhaltigkeit" (Version vom 24.01.2011) skizziert die Europäische Kommission ihre Vision eines neuen Ansatzes für die europäische Industrie. Dieser wird im Folgenden ebenfalls zusammengefasst und auf Verweise zur Rohstoffinitiative hin analysiert. Danach bestehen für den europäischen Binnenmarkt sowohl Herausforderungen als auch Chancen. Die Industrie der EU konkurriert mit China, Brasilien, Indien und anderen Schwellenländern auch um hochwertige Produkte. Technologien und Fähigkeiten werden laut Leitinitiative im internationalen Wettbewerb zunehmend wichtiger.

Diese Herausforderung ist mit der Tatsache konfrontiert, dass der Wettbewerb um knappe Energie und knappe Rohstoffe intensiver wird. Die Industrie der EU muss auch bei der Umstellung auf eine kohlenstoffarme, ressourceneffiziente Wirtschaft die Führungsrolle übernehmen (vgl. KOM(2010)614). Um diesem Ziel gerecht zu werden, muss nach der Leitinitiative ein sicherer, verlässlicher und keinen Wettbewerbsverzerrungen unterliegender Zugang zu Rohstoffen gesichert sein. Dies ist für die Wettbewerbsfähigkeit, für Innovationen und Arbeitsplätze in der Industrie in der EU unerlässlich. Jedoch machen kurzfristige Preisbewegungen eine Absicherung gegen Risiken notwendig, während gleichzeitig der Aufstieg der aufstrebenden Marktwirtschaften in der Weltwirtschaft den weltweiten Wettbewerb um solche Ressourcen verschärft. Deshalb sollten Abbau- und Verarbeitungstechniken, die zu mehr Ressourceneffizienz führen, sowie Recycling und Substitution von kritischen Materialien gefördert werden. Nur so kann die Umstellung der europäischen Industrie in Unabhängigkeit von Rohstofflieferanten gelingen (vgl. KOM (2010)614).

Auch im Bereich der Handelspolitik soll eine Priorität auf die Entwicklung von umweltschonenden Technologien gesetzt werden, um die Attraktivität Europas als Handelspartner zu erhöhen. Weiterhin bekennt sich die EU beim Handel mit Rohstoffen klar zu den Regeln der WTO (World Trade Organisation) und tritt ausdrücklich für mehr Liberalisierung im weltweiten Handelssystem ein (vgl. KOM(2010)612 – Handel, Wachstum und Weltgeschehen Handelspolitik als Kernbestandteil der EU-Strategie Europa 2020 (vom 09.11. 2010)).

4.4 Untersuchungsleitende Thesen

Aus der Vorstellung der Kernziele der Strategie Europa 2020 sowie aus den zwei näher betrachteten Leitinitiativen werden an dieser Stelle drei Thesen abgeleitet. Diese dienen dazu, die Analysen in den Kapiteln 5 und 6 stets in Verbindung mit den Leitlinien der Politik der Europäischen Union bis zum Jahr 2020 zu bringen und einen kritischen Blick für die politisch relevanten Steuerungselemente und die technische Durchführbarkeit der Vorstellungen aus der 2020-Strategie zu entwickeln. Jeweils eine These widmet sich einer der beiden Leitinitiativen aus den Abschnitten 4.2 und 4.3. Eine dritte übergreifende These wird in Anlehnung an das Oberthema dieser Arbeit und das Fernziel einer europäischen Recycling-Gesellschaft gebildet. Sie steht inhaltlich dem „Fahrplan für ein ressourcenschonendes Europa“ nahe, der mehrere Aussagen bezüglich der zukünftigen Bewirtschaftung von Abfällen in der EU trifft und somit auch mit den in diesem Buch behandelten Rohstoffen in Verbindung steht:

These 1

Um die in der Strategie Europa 2020 formulierten Ziele in den Bereichen Klimaschutz und Ressourcenschonung zu erreichen, werden in Zukunft unter anderem Technologien benötigt, die emissionsarme Energie und Mobilität zur Verfügung stellen.

These 2

Um die Ziele der Strategie Europa 2020 in den Bereichen Beschäftigungsquote und globale Wettbewerbsfähigkeit zu erreichen, muss der Zugang für die dafür benötigten Rohstoffe gesichert sein.

These 3

Um sowohl die ökonomischen als auch die ökologischen Ziele der Strategie Europa 2020 zu erreichen, ist die Nutzung von Abfällen als Rohstoffbasis mit dem Ziel einer Kreislaufwirtschaft im Bereich von Rohstoffen unabdingbar.

5 Die EU-Rohstoffpolitiken – Eine Analyse

Auf Basis der bis hierher gewonnen Erkenntnisse ist es nun möglich, die Rohstoffinitiative mit Hilfe des *Policy Cycle*s zu analysieren und die Ergebnisse hieraus für den weiteren Analyse-Verlauf nutzbar zu machen. Den Ausgangspunkt bildet hierbei die Betrachtung der Be- und Verarbeitung gesellschaftlicher Probleme durch das politische System (in diesem Fall das System der EU) in Form des so genannten „Policy-Makings“ (Jann/ Wegrich 2009). Der Fokus in dieser Untersuchung liegt dabei zum einen auf der Entwicklung einer Problemdefinition in Verbindung mit der Strategie Europa 2020 und zum anderen auf der inhaltlichen Analyse der Dokumente der Europäischen Union. Die drei zentralen Dokumente zur Rohstoffinitiative bilden dabei zwei Mitteilungen der Kommission sowie ein Initiativbericht, welcher im Europäischen Parlament unter der Federführung des „Ausschusses für Industrie, Forschung und Energie (ITRE)“ vom Abgeordneten Reinhard Bütikofer angefertigt wurde (Verabschiedung im Europäischen Parlament am 13. September 2011). Die Zentralen Mitteilungen der Kommission sind zum einen die Mitteilung KOM(2008)699 „Die Rohstoffinitiative – Sicherung der Versorgung Europas mit den für Wachstum und Beschäftigung notwendigen Gütern“ aus dem Jahr 2008 und die Mitteilung KOM(2011)25 „Grundstoffmärkte und Rohstoffe: Herausforderungen und Lösungsansätze“ aus dem Jahr 2011. Das Europäische Parlament befasst sich seit dem Jahr 2010 aktiv mit einer Initiative zur Rohstoffpolitik. Dabei wurde ein Initiativbericht mit dem Titel "Bericht über eine erfolgreiche Rohstoffstrategie für Europa" (im Folgenden auch Bütikofer-Bericht genannt) angefertigt (2011/2056).

Der im Kapitel 2 ausgewählte *Policy Cycle* wurde ursprünglich für die Untersuchung nationaler Politikprozesse und abgegrenzter Politikfelder entwickelt (Jann/ Wegrich 2009). Bei der Betrachtung von Politiken der Europäischen Union in dieser Arbeit wird deshalb ein an das Thema angepasstes Konzept des Cycle entworfen, welches lediglich als Rahmen für die Analysen der Rohstoffpolitiken verstanden werden darf. Die Flexibilität der Heuristik des *Policy Cycle* ermöglicht dabei die Konzentration auf bestimmte und für das vorliegende Erkenntnisinteresse entscheidende Phasen im Politikprozess (Jann/ Wegrich 2009). So wird in der ersten Phase, der Problemwahrnehmungsphase, eine Problemdefinition hergeleitet. Dies erfolgt auf Grundlage von These 1 zur Strategie Europa 2020 aus Abschnitt 4.4. Ziel dieser Problemwahrnehmungsphase ist die Verknüpfung der politischen Strategie Europa 2020 mit den Politiken zur Rohstoffversorgung der Europäischen Union basierend auf konkreten Technologien und empirischen ökonomischen Daten zu ausgewählten Rohstoffen. Um das Problem adäquat darzustellen, ist es notwendig, technische und ökonomische Zusammenhänge vereinfacht zu erläutern. Nur mit einem solchen Ansatz ist ein Verständnis der zu analysierenden Politiken möglich (siehe Abschnitt 5.1 und 5.2). Die Phase des Agenda-Setting im *Policy Cycle* wird keiner vertiefenden Behandlung unterzogen.

Die Frage, wie der Prozess, bei welchem das Thema Rohstoffversorgung der Europäischen Union mit nichtenergetischen Rohstoffen auf die politische Agenda der EU kam, ist in dieser Arbeit von nachrangiger Bedeutung. Für eine Analyse dieser Fragestellung würde sich der bereits vorgestellte Multiple-Streams-Ansatz von Kingdon eignen. In vorliegender Analyse soll daher die Information ausreichen, dass das genannte Thema durch die Mitteilung KOM(2008)699 seit dem Jahr 2008 auf der politischen Agenda etabliert ist. Dies wird auch deutlich werden, wenn in den Abschnitten „Politikformulierungs- und Entscheidungsphase" – wie sie im Cycle bezeichnet werden – die bisherigen Aktivitäten der Europäischen Union in Form einer Dokumentenanalyse betrachtet werden. Die thematische Verbindung zwischen der Problemdefinition und den *Policy-Output* der EU wird dabei durch These 2 hergestellt. Als politische Akteure werden die Europäische Kommission und das Europäische Parlament fokussiert, da diese beiden Institutionen sich aktiv mit diesem Politikfeld befassen. Um der zeitlichen Abfolge der Veröffentlichung der relevanten Dokumente Rechnung zu tragen, wird die in Abschnitt 2.3 vorgestellte Phasenstruktur des *Policy Cycle* modifiziert. So wird in einer ersten Politikformulierungs- und Entscheidungsphase die Mitteilung KOM(2008)699 analysiert, die noch vor der Etablierung der Strategie Europa 2020 verabschiedet wurde (siehe Abschnitt 5.3). Somit besitzen diese beiden Politiken keinen expliziten Bezug zueinander. Zurückgreifend auf die erste Mitteilung zur Rohstoffpolitik werden dennoch in einer Implementierungsphase die Kernelemente aus der Mitteilung auf ihre bisherige Umsetzung hin analysiert (siehe Abschnitt 5.4). Damit findet erstmals eine Verschiebung des Blickwinkels vom *Policy-Output* auf den *Policy-Outcome* statt.

Anschließend steht die zweite Mitteilung der Kommission zur Rohstoffpolitik, KOM(2011)25, im Mittelpunkt (zweite Politikformulierungs- und Entscheidungsphase in Abschnitt 5.5). Ebenfalls in dieser Phase werden die Aktivitäten des Europäischen Parlaments, soweit sie bereits in Form von Dokumenten festgehalten wurden, behandelt. In diesem Abschnitt werden vor allem die

Ziele, die Mittel und die Wege zur Behandlung des in der Problemdefinition aufgeworfenen Sachverhalts durch die EU im Zentrum des Interesses stehen (Blum/ Schubert 2009: 113). Dieses Vorgehen ergibt sich aus der Tatsache, dass die zweite Mitteilung sowie die Parlamentsaktivitäten aus dem Jahr 2011 stammen und somit noch keine Aussagen über deren Implementierung gemacht werden können. Bei der Analyse der aktuellen Politiken werden vor allem die Steuerungsinstrumente zur Zielerreichung der Strategien der EU kritisch beleuchtet. Dieser Teilabschnitt bildet zusammen mit einer thematischen Verengung hin zu den EU-Recycling-Politiken den Übergang zu Kapitel 6. Das Scharnier zwischen Kapitel 5 und Kapitel 6 wird dabei durch These 3 zur Europa 2020-Strategie geschaffen. Die Evaluationsphase wird in dieses Kapitel nicht einbezogen. Der Grund hierfür ist, dass es zum einen nicht das Ziel dieses Kapitels ist, die Auswirkungen der EU-Politiken zu beurteilen, sondern ihren generellen Ansatz zu diskutieren. Zum anderen ist der Zeitraum der Existenz der Rohstoffinitiativen, nämlich drei Jahre, zu kurz, um eine sinnvolle Evaluation des *Policy-Impact* durchführen zu können (Jann/ Wegrich 2009). Wie bisher in dieser Arbeit, stehen auch in diesem Kapitel die Inhalte der politischen Programme im Vordergrund. Die formalen Prozesse ihres Zustandekommens und die informellen Abläufe bei der Politikformulierung werden zweitrangig behandelt.

5.1 Die Problemwahrnehmungsphase

Im Folgenden werden vier Technologien stark vereinfacht dargestellt. Die Auswahl dieser Technologien basiert auf der in Abschnitt 4.4 aufgestellten These 1. So handelt es sich um möglicherweise zukunftsweisende Techniken, die vor allem im Bereich einer Ressourcen schonenden und CO_2-armen Energiegewinnung eine große Bedeutung erlangen können. Ebenso wurde darauf geachtet, dass die gewählten ‚Produkte' in der Zukunft eine entscheidende Rolle bei der Entwicklung der Elektromobilität spielen können. Da es sich um Technologien handelt, denen ein großes Wachstumspotenzial bescheinigt wird, können diese im Hinblick auf die Innovationsfähigkeit und die Entwicklung des Wirtschaftsstandorts Europa sowie dessen Position im Weltmarkt als sehr interessant gelten. Bei der Betrachtung wird nicht auf technische Details eingegangen oder der Anspruch erhoben, exakte Berechnungen z.B. bei Energie-Effizienz oder Energie-Bedarf durchzuführen. Vielmehr ist es das Ziel, den Nutzen der Technologien darzustellen und je Technologie ein bis zwei Metalle herauszuarbeiten, die derzeit für die Produktion erforderlich sind und bei denen in Zukunft eine Versorgungsknappheit auftreten könnte. Hierbei werden keine ökonomischen Prognosen zum Rohstoffbedarf oder zu zukünftiger Preisentwicklung angestellt, denn Vorhersagen über den künftigen Rohstoffbedarf sind generell schwer zu treffen, da dieser unter anderem von Faktoren wie Technologieentwicklung, Weltwirtschaftslage, Zielen bei der Energieversorgung und der Förderung der Elektromobilität etc. abhängt (Angerer et al. 2009: 1ff). Trotz all dieser Unsicherheiten wird jedoch der Versuch unternommen, für einige beispielhafte Rohstoffe ein Kurzprofil der Verfügbarkeit und des Bedarfs nachzuzeichnen.

Den wichtigsten Bezugsrahmen bei einer hierfür generell sehr geringen Datenverfügbarkeit stellt die im Jahr 2009 erschienene ausführliche Studie von Angerer et al. mit dem Titel dar: „Rohstoffe für Zukunftstechnologien – Einfluss des Branchen-spezifischen Rohstoff-Bedarfs in rohstoffintensiven Zukunftstechnologien auf die zukünftige Rohstoffnachfrage".

Dünnschicht-Photovoltaik

Die Dünnschicht-Photovoltaik, auch amorphe Photovoltaik genannt, ist eine Technik, die stark im Wachstum begriffen ist und an deren Weiterentwicklung unzählige Forschungsprojekte arbeiten. Dünnschichttechnik ist eine Bezeichnung für dünne Solarzellen, die direkt auf ein kostengünstiges Trägermaterial wie Glas, Metallfolie oder Plastikfolie aufgebracht werden. Damit unterscheidet sich die Dünnschicht-Photovoltaik wesentlich in ihrer Form und Herstellung von der ‚gewöhnlichen' kristallinen Photovoltaik. Allerdings besitzen die dünneren Elemente bisher auch einen geringeren Wirkungsgrad (zwischen 6% und 8% in der Massenproduktion) als die herkömmlichen Kristallin-Zellen (Kaltschmitt et al. 2007: 229ff). Die Vorteile der Dünnschicht-Technik gegenüber herkömmlichen Solarzellen sind vielfältig. Beispielsweise sind die Materialkosten bei ihrer Herstellung deutlich geringer, sie können durch ihre geringe Dicke und höhere Flexibilität an verschiedensten Orten eingesetzt werden. Des Weiteren können sie als großflächigere Solareinheiten produziert werden. Es existieren verschiedene Technologien für die Dünnschicht-Photovoltaik, die an dieser Stelle nicht alle dargestellt und verglichen werden können. Vielmehr geht es hier um das allgemeine Prinzip der Technologie und ihre Zukunftsperspektiven bei der Energieversorgung, da sie emissionsfreie Energie aus Licht generiert (Angerer et al. 2009: 147; Kaltschmitt et al. 2007: 235ff). Besondere Vorteile bietet z.B. die transparente Dünnschicht-Photovoltaik beim Einsatz an Gebäuden und der Integration in bestehende bauliche Strukturen.

In Bezug auf die benötigten Materialien für die Herstellung von amorpher Photovoltaik gibt es derzeit drei wichtige Varianten. Hierzu zählen die CdTe-Technik (Basisstoffe Cadmium und Tellur), die GaAs-Technik (Basisstoffe Germanium und Arsen) und die CIS-Technik (Basisstoffe Indium oder Gallium sowie Kupfer und Selen). Die Nachfrage nach den Metallen wird in der Zukunft wesentlich davon abhängen, welche Photovoltaik-Technik sich am Markt durchsetzen wird und welchen Anteil Photovoltaik generell an der Stromerzeugung besitzt (Angerer et al. 2009: 151). Deshalb ist es schwer, ein spezielles Metall aus der Photovoltaik-Technik zu identifizieren. Im Folgenden werden deshalb die Metalle Indium, Gallium und Germanium detaillierter betrachtet, da der Bedarf dieser Metalle generell stark ansteigen kann und folglich eine Verknappung zur Folge haben könnte (Angerer et al. 2009: 149ff).

Thermoelektrische Generatoren

Die Technik thermoelektrischer Generatoren ermöglicht prinzipiell eine Steigerung des Gesamtwirkungsgrades einer Vielzahl von Anlagen durch Rückwandlung von Abwärme in Elektrizität und damit gleichzeitig eine Reduzierung der Auslegung (verringerte installierte Leistung) und eine Senkung der CO2- und Schadstoffemission (Bitschi/Fröhlich 2010). Voraussetzung ist, dass eine Abwärme bzw. eine möglichst große Temperaturdifferenz zwischen der Stelle, an der Wärme abgegeben wird, und der Umgebungstemperatur existiert (Snyder 2009). Diese Technik ist derzeit als Ergänzungstechnik zu begreifen. Sie birgt aber gerade bei einer zukünftig zu erwartenden Effizienz-Steigerung noch sehr großes Potenzial. Bei Verbrennungsprozessen z.B. entsteht Abwärme, die oft nicht sinnvoll verwertet werden kann, sei es, weil kein räumlich nahe gelegener Bedarf vorhanden ist, oder die Abwärme in mobilen Aggregaten, beispielsweise in Fahrzeugen, anfällt, die sich nicht mit externen Abnehmern koppeln lassen. Mit thermoelektrischen Generatoren lässt sich solche Wärme direkt in Strom umwandeln (vgl. ebd.; und vertiefend Bierschenk 2009). Sie nutzen den so genannten Seebeck-Effekt, den der deutsche Physiker Thomas Johann Seebeck 1821 entdeckt hatte. Dieser Effekt bezeichnet das Phänomen, dass zwischen zwei Stellen eines elektrisch leitenden Materials eine elektrische Potenzialdifferenz (Spannung) entsteht, wenn diese unterschiedliche Temperaturen aufweisen. Die Elektronen eines

Leiters sind an der Wärmeleitung beteiligt. Bei höheren Temperaturen bewegen sich die Elektronen schneller, wodurch die heiße Stelle an Elektronen verarmt, während die kalte Stelle Elektronen gewinnt. Die entstehende Potenzialdifferenz bewirkt einen Rückfluss von Elektronen, der den Gewinn ausgleicht. So entsteht eine elektrische Spannung, die sich nach dem verwendeten Leitermaterial richtet (Angerer et al. 2009: 123f; Snyder 2009). Idealerweise werden für einen möglichst effizienten Generator Materialien genutzt, die eine hohe elektrische Leitfähigkeit und eine geringe Wärmeleitfähigkeit aufweisen. Dies ist bei bestimmten Halbleitern der Fall (Angerer et al. 2009: 125).

Ein großer Vorteil dieser Technik ist, dass sie im Prinzip komplett wartungsfrei und geräuschlos ist und folglich eine extrem lange Lebensdauer aufweist. Diese Tatsache dürfte ihre Attraktivität in der Zukunft steigen lassen (Bitschi/Fröhlich 2010; Snyder 2009). Der Grund, warum sie aktuell noch in der Forschungs- und Entwicklungsphase einzuordnen ist, allerdings bereits in vielen Projekten angewandt wird, ist unter anderem, dass ihr Wirkungsgrad, also die Umwandlungsrate von Wärme zu Energie (Strom) bisher deutlich unter 10% lag. Hierbei ist jedoch zu bedenken, dass häufig Abwärme gar nicht genutzt werden würde (Angerer et al. 2009: 127f). Sollte der Wirkungsgrad gesteigert werden, wird dieser Technik eine große Aufmerksamkeit zuteil werden, denn die potenziellen Einsatzmöglichkeiten für die Generatoren sind vielfältig. Sie reichen von Heizkesseln in Gebäuden, über die Nutzung von Körperwärme, z.B. für Hörgeräte, sowie die Verwertung von Abwärme aus Industrieprozessen, Flugzeugen, Fahrzeugen und thermischen Solarkollektoren bis hin zur Ausschöpfung von Wärme aus Abfällen und Abwässern (Angerer et al. 2009: 128). Projekte gibt es z.B. zur Umwandlung der bis zu 700 Grad heißen Abgaswärme aus Kraftfahrzeugen in Elektrizität. Hierbei liegt das Ziel darin, den gesamten Strombedarf der elektrischen Komponenten (z.B. die Lichtmaschine) eines Fahrzeugs aus dieser Abwärme zu generieren um somit Kraftstoff zu sparen. Des Weiteren gibt es Bestrebungen, die Abwärme von Motoren in Elektroautos zu nutzen (http://www.motorlexikon.de/?I=9624&R=E).

Thermoelektrische Generatoren könnten also eine äußerst sinnvolle Ergänzung an vielen Stellen bilden. Für ihre Produktion bzw. die Herstellung der benötigten Hableiter werden jedoch einige Metalle benötigt. Hierbei handelt es sich vor allem um Tellur Silber, Antimon und Germanium. Bei den folgenden Analysen wird der Fokus auf das Metall Germanium gelegt, da die zukünftige Versorgung mit diesem Metall kritisch werden könnte (Angerer et al. 2009: 128f).

Lithium-Ionen-Elektrizitätsspeicher

Die Nachfrage nach Lithium-Ionen-Batterien ist in den vergangenen Jahren immens gestiegen und wird laut Prognosen auch in Zukunft erhebliche Wachstumsraten aufweisen. Diese Tatsache liegt zum einen an der stetigen Ausweitung der Produktion von mobilen Endgeräten wie Mobiltelefonen, Unterhaltungselektronik, Laptops etc. und zum anderen am Aufkommen neuer Bedarfsfelder wie der Notwendigkeit zur Speicherung von Energie in Elektroautos und Zwischenspeichern von Wind- und Sonnenenergie (http://www.dfg.de/dfg_magazin/aus_der_wissenschaft/herausforderung_energieforschung/speichern_und_verteilen/index.html).

Lithium-Ionen-Speicher sind, je nach Verwendung, von zwei wesentlichen Entwicklungszielen geprägt. Hierzu zählen die Steigerung der Kapazität und die Steigerung der Arbeits- und Ladestromstärke. Bei mobilen elektronischen Geräten steht die Kapazitätssteigerung im Vordergrund. Sie ermöglicht einen längeren Akkubetrieb. Bei Akkumulatoren für Motoren dagegen kommt es oft auf die elektrische Leistung an, also die kurzzeitig verfügbare Stromstärke. Am Beispiel einer Batterie für ein Elektrofahrzeug kann man illustrieren, dass einerseits eine möglichst große Reichweite erreicht werden soll und andererseits eine angemessene Beschleunigung und Kraft des Fahrzeugs entwickelt werden muss. Diese Anforderungen können aus heutiger Sicht am besten Lithium-Ionen-Zellen erfüllen. In ihrem Speichersystem besteht die positive Elektrode, die bei wiederaufladbaren Akkumulatoren als Kathode bezeichnet wird, aus einem Metalloxid, in das Lithium-Ionen eingelagert werden können. Als negative Elektrode (Anode) wird Graphit genutzt, das ebenfalls Lithium-Ionen aufnehmen kann (Angerer et al. 2009: 168f). Als am besten für die Lithium-Ionen-Batterien geeignetes Kathoden-Metall wird derzeit Kobalt angesehen, da es vorzügliche Eigenschaften für eine lange Betriebsdauer als auch für eine große Leistung zur Verfügung stellt (Angerer et al. 2009: 169). Daraus lässt sich ableiten, dass vor allem Kobalt und Lithium als Metalle benötigt werden. Der zukünftige Bedarf lässt sich jedoch schwer schätzen, da hierbei vieles von der Entwicklung der Elektromobilität abhängt. Es wäre jedoch durchaus denkbar, dass die Kobalt-Nachfrage deutlich steigen wird und es hier zu Engpässen bei der Versorgung kommen könnte. Deshalb wird Kobalt in die weitere Analyse einbezogen (Angerer et al. 2009: 172f).

Hochleistungs-Permanentmagnete

Die derzeit leistungsstärksten Hochleistungs-Permanent-Magnete bestehen im Wesentlichen aus drei Elementen. Hierbei handelt es sich um Neodym, Eisen und Bor. Deshalb werden sie auch als NdFeB-Magnete bezeichnet. Ihnen werden nur aus dem Grund weitere Elemente hinzugefügt, um sie resistenter gegen hohe Temperaturen zu machen. Permanentmagnete zeichnen sich dadurch aus, dass sie im Laufe ihrer Lebensdauer nicht oder nur unwesentlich entmagnetisiert werden (Angerer et al. 2009: 257). Ihre wichtigste Eigenschaft ist jedoch, dass sie bis zum 2000-fachen ihres Eigengewichts heben können.

NdFeB-Magnete werden heute in einer Vielzahl von Bauformen angefertigt und meist in komplexere Systeme integriert. Hierbei kommen sie überall dort zu Einsatz, wo eine große Magnetkraft benötigt wird, aber nur ein sehr begrenzter Raum zur Verfügung steht (http://www.ndfebmagnets.de/DE_Info_NdFeB.htm). Eine wichtige Funktion übernehmen sie vor allem in den Motoren von Windkraftanlagen, in Motoren für Hybrid- und Elektroautos sowie in Geräten der Kommunikationsindustrie mit Miniaturmotoren (http://www.physik.wissenstexte.de/elektromotor.tsm). Sie übernehmen schließlich einen sehr wichtigen Baustein gerade bei der Produktion von innovativen Technologien, die zum Klimaschutz und zu einer Klima schonenden Energieerzeugung und der zukünftigen Mobilität ohne die Nutzung von fossilen Brennstoffen beitragen.

Von den drei Hauptbestandteilen der NdFeB-Magnete Neodym, Eisen und Bor ausgehend, wird hier der Fokus auf das Element Neodym gelegt, welches aus der Gruppe der so genannten Seltenen Erden stammt. Dies ist der Fall, da für Eisen und Bor derzeit zukünftig keine Knappheit oder Versorgungsunsicherheit erwartet werden. Bei Neodym ist jedoch aufgrund der großen Nachfrage und der wachstumsstarken Branchen wie der Windkraft und der Elektromobilität mit Engpässen bei der Neodym-Verfügbarkeit zu rechnen.

5.2 Das Problem der Rohstoffversorgung

Auf Basis der vorgestellten Technologien ist es nun angezeigt, einige für die Produktion der Technologien unabdingbare und somit auch für den europäischen Binnenmarkt bedeutende Rohstoffe exemplarisch zu betrachten. Somit kann eine direkte Verbindung der technologischen Perspektive mit der EU-Rohstoffinitiative hergestellt werden. Bei den identifizierten Rohstoffen handelt es sich um Gallium, Germanium, Indium, Kobalt und Neodym. Im Fall von Neodym, welches zur Gruppe der Seltenen Erden gehört, wird grundsätzlich die gesamte Stoffgruppe in die weiteren Analysen einbezogen und der Schwerpunkt, wo möglich, auf Neodym gelegt. Um beurteilen zu können, ob die Versorgung im europäischen Binnenmarkt mit diesen Metallen bedroht ist bzw. sein wird, werden die Stoffe jeweils anhand von fünf vom Autor aufgrund ihrer Bedeutung für die Verfügbarkeit von Rohstoffen als maßgeblich eingeschätzten Kriterien charakterisiert. Diese Kriterien lauten:

Kriterium 1 (K1): Globale Rohstoffreserven und Rohstoffabbau
Kriterium 2 (K2): Rohstoffweiterverarbeitung/Produktion
Kriterium 3 (K3): Exportbeschränkungen
Kriterium 4 (K4): Preisentwicklung
Kriterium 5 (K5): Verwendung des Rohstoffs

Eine Schwierigkeit bei der Erstellung eines Kurzprofils für die fünf gewählten Rohstoffe ist, dass nicht für alle Kriterien und alle Rohstoffe entsprechende Daten verfügbar sind. Deshalb müssen in der folgenden Betrachtung an wenigen Stellen Datenlücken akzeptiert werden. Die fünf Kriterien können als Modifikation des bei Angerer et al. verwendeten Begriffs der „vulnerablen Rohstoffe" verstanden werden.

Nach Angerer et al. sind Rohstoffe vulnerabel, wenn sie hohe Bedeutung für die Volkswirtschaft haben, ihre Vorkommen auf wenige Länder konzentriert sind und diese in einer politisch instabilen Region liegen (Angerer et al. 2009: 5). Die volkswirtschaftliche Bedeutung wird in dieser Arbeit durch die Verbindung der ausgewählten Zukunftstechnologien mit den Zielen aus der Strategie Europa 2020 hergestellt. Hierbei handelt es sich um Beispiele von für die Zukunft potenziell sehr bedeutsamen Technologien für die gesamte Volkswirtschaft der Union und die Erreichung der Ziele aus Europa 2020.

Das Vorkommen und die Produktion eines Rohstoffs werden in dieser Arbeit getrennt betrachtet, da die Weiterverarbeitung immer mit technischem Know-how erfolgt, welches nicht zwangsläufig in den Ländern, die über Rohstoffvorkommen verfügen, zur Verfügung steht. Die Vorkommen und die Produktion werden im Sinne der Zielsetzung dieser Arbeit daraufhin untersucht, ob die Europäische Union selbst über die Rohstoffe und/ oder Rohstoffverarbeitungskapazitäten verfügt oder ob ein reiner Import stattfindet. Ob die EU bei der Rohstoffversorgung auf Importe aus politisch ‚instabilen' Regionen angewiesen ist, wird zu einem späteren Zeitpunkt exemplarisch am Beispiel von Importen aus Afrika diskutiert. Daran anschließend und Bezug nehmend auf die dargelegten Ziele der Strategie Europa 2020 im Bereich des Handels werden mögliche Exportrestriktionen der rohstoffexportierenden Länder dargestellt. Diese können den Handel deutlich erschweren und vor allem Preise und Verfügbarkeiten beeinflussen und somit die Kosten, z.B. für die vier vorgestellten Produkte, mitbestimmen.

Der wichtigste internationale Referenzrahmen für die Regelung des internationalen Handels und von Handelsbeschränkungen und daraus resultierenden Streitfällen bildet das so genannte GATT-Abkommen („General Agreement on Tarifs and Trade") im Rahmen der WTO (http://www.bmz.de/de/was_wir_machen/wege/multilaterale_ez/akteure/wto/index.html). Artikel 11 dieses Abkommens besagt, dass mengenmäßige Beschränkungen (z.B. Quoten) beim Im- und Export für die am Abkommen teilnehmenden Staaten generell untersagt sind. Lediglich Zölle können unter bestimmten Bedingungen erhoben werden. In Artikel 20 des Abkommens gibt es jedoch wichtige Ausnahmen dieses Verbots. So besagt Artikel 20 unter Gliederungspunkt g), dass mengenmäßige Beschränkungen zum Schutz der Natur und der natürlichen Ressourcen möglich seien (http://www.wto.org/english/docs_e/legal_e/gatt47_ 01_e.htm).

Im Anschluss werden die Rohstoffpreise fokussiert. Hierbei stehen starke Preisschwankungen und Preissteigerungen im Zentrum des Interesses, die unter anderem nicht nur durch mengenmäßige Beschränkungen beim Export von Rohstoffen hervorgerufen werden können, sondern auch von Zöllen, Nachfrageschwankungen, Angebotsschwankungen etc. abhängig sind (Korinek/ Kim 2010). Abschließend wird der Versuch unternommen, den Bedarf jedes Stoffes grob einzuschätzen und weitere Produkte zu identifizieren, die auf den jeweiligen Rohstoff angewiesen sind. Dieses Vorgehen ist nötig, um eventuelle Bedarfsprognosen für die Zukunft treffen zu können. Generell wird keine umfassende ökonomische Analyse der Rohstoffsituation der gewählten Elemente angestrebt. Es geht vielmehr darum, herauszufinden, welchen Herausforderungen die Europäische Union in Bezug auf die benötigten Rohstoffe für die Entwicklung von Zukunftstechnologien gegenübersteht.

5.2.1 Kurzprofil Gallium

Belastbare Zahlen für das Vorkommen und die Reserven von Gallium im globalen Kontext liegen nicht vor. Das liegt zum einen daran, dass Gallium im Wesentlichen ein Nebenprodukt bei der Aluminium- und Zinkproduktion (aus Bauxit und Zinkerz) ist, und nicht bekannt ist, in welcher Konzentration Gallium in diesen Erzen in den globalen Reserven vorhanden ist. Eine andere Ursache ist, dass die an der Gallium-Produktion beteiligten Unternehmen ihre Daten zu den Lagerstätten und Vorkommen vertraulich behandeln. Die Vorräte an Bauxit würden theoretisch noch viele tausend Jahre ausreichen (Angerer et al. 2009: 240ff). Größere Lagerstätten von Bauxit werden in Chile, den USA und Kanada vermutet. Hiervon wird aber ein Großteil nicht für die Gallium-Produktion nutzbar sein (Angerer et al. 2009: 240f).

Die Produktion von Primär-Gallium mit einem Reinheitsgrad von 99,9999% stieg von 2003 bis 2007 kontinuierlich von circa 83 t auf circa 103 t pro Jahr an. Als einzige Produzenten dieses Galliums wurden für das Jahr 2009 China (83%) und Japan (17%) bei Korinek/ Kim 2010 angegeben. Angerer et al. verweisen für das Jahr 2006 auch auf Deutschland, Russland und Kasachstan mit einer Produktion von über 10% (Angerer et al. 2009: 242). Die Daten hierzu sind also sehr uneindeutig.

Über Exportbeschränkungen bei Gallium lassen sich ebenfalls nur dürftige Daten akquirieren. Es konnte lediglich eine Ausfuhrsteuer in Höhe von 6,5% in Russland belegt werden (Korinek/ Kim 2010). Der Preis von Gallium lag 2003 bei circa 410,00$ pro kg und stieg bis zur Wirtschaftskrise 2008 auf circa 580,00$ an. Anschließend fiel er aufgrund der stark sinkenden Nachfrage im Jahr 2009 wieder auf circa 450,00$ im Jahresdurchschnitt (http://strategic-metal.typepad.com/strategic-metal-report/2010/08/gallium-market-report-august-2010.html).

Neben der bereits dargestellten Verwendung von Galliumarsenid in Dünnschicht-Solartechnik spielt diese Verbindung auch eine entscheidende Rolle bei der Produktion der extrem wachstumsstarken Technik der LEDs (Leuchtdioden). Angerer et al (2009: 347) schätzten für das Jahr 2006 einen Bedarf an Gallium allein für diese beiden Technologien von 26 t. Für das Jahr 2030 prognostizieren sie eine Nachfrage von 603 t. Diese extrem hohe Wachstumserwartung zusammen mit den vielen Unbekannten im Hinblick auf Reserven, Produktion und Preisschwankungen lassen die Versorgung mit Gallium unsicher erscheinen. Jedoch sind diese Aussagen unter dem Vorbehalt der gegebenen Datenlage zu interpretieren. Auch der geologische Dienst der USA USGS (U.S. Geological Survey) verfügt derzeit über keine genaueren Daten über Gallium (vgl. http://minerals.usgs.gov/minerals/pubs/commodity/gallium/).

5.2.2 Kurzprofil Germanium

Germanium tritt häufig gemeinsam mit Kupfer und Zink auf. Die weltweiten Vorkommen bzw. Reserven von Germanium sind nicht bekannt. Lediglich für die USA gibt es eine Angabe von 450 t in Zinkerzen. Die drei einzigen Produktionsländer aus den Jahren 2006 bis 2010 von Germanium sind China (79%), USA (14%) und Russland (7%) (Angerer et al. 2009: 331f; Korinek/Kim 2010). Die weltweite Produktion von Germanium ist in den letzten Jahren stark gestiegen. Wurden 2003 noch circa 44 t Germanium produziert, so waren es 2007 bereits circa 100 t und in den beiden darauf folgenden Jahren jeweils ca. 150 t (Angerer et al. 2009: 332; http://minerals.usgs.gov/minerals/pubs/commodity/germanium/220798.pdf).

Bekannte Exportbeschränkungen für Germanium wurden seitens Chinas (Ausfuhrsteuer von 5%) im Jahr 2008 und seitens Russlands (Ausfuhrsteuer von 6,5% für Schrott und Abfälle mit Germanium-Gehalt) eingeführt (Korinek/Kim 2010). Die Preisentwicklung bei reinem Schmelzzonengermanium zeigt eine extreme Entwicklung auf. Kostete das kg Germanium im Jahr 2003 noch circa 380,00$ so stieg er im Jahr 2007 auf circa 1240,00$ im Jahresmittel. 2008 ergab sich ein Höchstpreis von circa 1500,00$. Im April 2011 kostete das kg Germanium schließlich circa 900,00$ (Angerer et al. 2009: 338; http://strategic-metal.typepad.com/strategic-metal-report/2010/04/germanium-supply-market-outlook-2010.html). Der extreme Preisanstieg wird damit begründet, dass die Primärproduktion von Germanium den aktuellen Bedarf nicht decken kann. Die Verwendungsmöglichkeiten von Germanium sind dabei vielfältig. So wird es z.B. in Glasfaserkabeln, Infrarot-Technik und Katalysatoren für Kraftfahrzeuge eingesetzt. Aufgrund der vermuteten Reserven von Germanium z.B. in den USA, China, Russland, dem Kongo, Sambia und

Namibia, die gerade in Afrika teilweise noch nicht erschlossen sind, wird jedoch erwartet, dass die Primärgermanium-Produktion ausgeweitet werden kann. Jedoch ist unsicher, in welchem Rahmen und innerhalb welcher Zeitspanne. Eine Schätzung, wie sich der Bedarf an Germanium entwickeln wird, ist nicht bekannt. Angerer et al. (2009: 333ff) nehmen eine grobe Prognose bezüglich des Bedarfs für das Jahr 2030 vor: über 300 t pro Jahr.

5.2.3 Kurzprofil Indium

Indium tritt fast immer in Blei-, Kupfer- oder Zinkverbindungen auf. Die Angaben zu Vorräten für Indium schwanken sehr stark. So wurden sie im Jahr 2006 mit weltweit 2.800 t angegeben, im Jahr 2007 hingegen bereits mit 11.000 t. Hierbei werden China deutlich über die Hälfte der globalen Vorkommen zugerechnet. Weitere bekannte geringe Vorkommen liegen in Peru und Kanada sowie in afrikanischen Staaten (Korinek/ Kim 2010). Die schwankenden und ungenauen Angaben zur Reservelage sind auf die permanente Forschung im Hinblick auf neue Vorkommen, besonders in China, zurückzuführen (Angerer et al. 2009: 323f).

Die Produktion von Indium stieg bzw. steigt seit 2003 stark an. So betrug sie in diesem Jahr circa 370 t, im Jahr 2007 circa 510 t und in den Jahren 2009 und 2010 circa 546 bzw. 574 t. Hierbei lag die Produktion von Indium innerhalb der EU (in Belgien) bei circa 5%. Die weltweit bedeutendsten Produzenten waren jedoch China (über 50%) sowie Japan und Süd-Korea (jeweils über 10%) (http://minerals.usgs.gov/minerals/pubs/commodity/indium/mcs-2011-indiu.pdf). China hat im Jahr 2008 zwei Exportbeschränkungen erhoben. Eine maximale Exportquoto von 240 t Indium pro Jahr (bei einer Produktion von circa 280 t) sowie eine Ausfuhrsteuer von 15%. Russland belegt Indium-Exporte mit einer Exportsteuer von 6,5% (Korinek/ Kim 2010).

Der Preis von Indium ist extrem volatil. So kostete ein kg Indium im Jahr 2003 im Jahresmittel 170,00$, im Jahr 2006 916,00$ und im Jahr 2007 725,00$. Während der Wirtschaftskrise im Jahr 2008 fiel der Preis auf circa 280,00$ bevor er letztes Jahr wieder auf 600,00$ anstieg (Angerer et al. 2009: 325; http://www.metalprices.com/pubcharts/Public/ Indium_Price_Charts.asp).

Der Großteil des weltweit produzierten Indiums wird in Indium-Zinn-Oxid (ITO) gebunden. Die Verbindung aus Indium-Oxid und Zinn-Oxid ist leitfähig wie Metall und dennoch transparent, darüber hinaus hitzeabweisend. Aufgrund dieser besonderen und derzeit einmaligen Eigenschaft hat ITO für die

Herstellung von LCD-Monitoren (Liquid Crystal Display), weißen LED und für die vorgestellte Photovoltaik eine hohe Bedeutung erlangt. Die LCD-Technik findet sich so z.B. in Massenprodukten wie Flachbildschirmen und Mobilfunkgeräten (Angerer et al. 2009: 326ff; http://geology.com/articles/indium.shtml). Angerer et al. geben für diese drei Technologien im Jahr 2006 einen Bedarf von 234 t Indium an und prognostizieren für das Jahr 2030 für diese Produkte benötigte 1.911 t Indium. Wie diese Versorgung gewährleistet werden soll, ist derzeit völlig unklar (Angerer et al. 2009: 327).

5.2.4 Kurzprofil Kobalt

Kobalt kommt nicht als eigenständiges Metall vor. Es tritt überwiegend in Kupfer-, Eisen-, Nickel- und Silbererzen auf. Die geschätzten Vorräte an Kobalt betragen global circa 7.000.000 t. Dieses Vorkommen würde für circa 100 Jahre ausreichen. Es ist jedoch unklar, in welchen Konzentrationen Kobalt in den Erzen vorliegt und wie es extrahiert werden kann (Angerer et al. 2009: 257f). Die wichtigsten Vorkommen von Kobalt werden in der demokratischen Republik Kongo (über 35%) sowie in Australien und Kuba (jeweils circa 14%) vermutet (Korinek/ Kim 2010). Die Weltproduktion von Kobalt ist seit Jahrzehnten steigend. Im Jahr 2003 wurden circa 50.000 t Kobalt abgebaut. Diese Zahl stieg 2006 auf circa 67.500 t. 2009 waren es bereits circa 72.300 t (Angerer et al. 2009: 259; http://minerals.usgs.gov/ds/2005/140/cobalt.pdf).

Die wichtigsten Produktionsländer waren hierfür die demokratische Republik Kongo mit fast 45% der Weltproduktion sowie Kanada und Namibia mit über 10% der Kobaltproduktion (Korinek/ Kim 2010). Nennenswerte Exportbeschränkungen für Kobalt gibt es in Russland (30% Ausfuhrsteuer auf Schrott) und der Ukraine (27% Ausfuhrsteuer auf Kobaltschrott und Abfälle). Der Preis für Kobalt pro kg steigt stetig. Er betrug im Jahr 2003 im Jahresmittel 23,00$, 2006 35,00$ und im Jahr 2009 48,00$.

Die Nachfrage nach Kobalt steigt stark. Hierfür ist besonders das Wachstum in China verantwortlich (Angerer et al. 2009: 259; http://www.metalprices.com/pubcharts/Public/Cobalt_Price_Charts.asp). Kobalt spielt, wie bereits dargestellt, eine wichtige Rolle bei der Batterie-Produktion. Ebenso wird es in Kfz-Katalysatoren verwendet und in Legierungen, um andere Metalle gegen Korrosionen zu schützen. Eine Prognose bezüglich des Kobalt-Bedarfs ist derzeit nicht möglich. Vieles hängt von der Entwicklung im Batterie-Bereich ab. Vorräte an Kobalt gibt es weltweit wohl ausreichende, jedoch bleibt die

Frage, ob diese auch ökonomisch sinnvoll abbaubar sind und ob sie kurzfristig zur Verfügung stehen würden (Angerer 2009: 259ff).

5.2.5 Kurzprofil Seltene Erden (Neodym)

Die Gruppe der Seltenen Erden umfasst insgesamt 17 Elemente. Sie werden oftmals zusammen betrachtet, da sie zumeist gemeinsam auftreten. Der Name der Seltenen Erden ist irreführend. Sie können vergleichsweise nicht als selten im globalen Kontext betrachtet werden. Es wird angenommen, dass circa 99.000.000 t an Seltenen Erden weltweit vorhanden sind, was einer Reserve von mehreren hundert Jahren entspräche (Schüler et al. 2011: 7f).

Die Verteilung dieser Reserven konzentriert sich jedoch auf wenige Länder. So werden die Reserven Chinas auf circa 50 bis 60% geschätzt. Den Mitgliedern der Gemeinschaft unabhängiger Staaten (GUS-Staaten), den USA und Australien werden jeweils circa 10% zugerechnet. Geringere Vorkommen gibt es in Kanada, Indien und Brasilien (Schüler 2001: 7; Korinek/ Kim 2010). Nachdem die einzige Mine für Seltene Erden in den USA im Jahr 2002 aufgrund von Umweltschäden und technischen Problemen schloss, entwickelte sich Chinas Produktion zu einem globalen Quasi-Monopol. Die Produktion stieg von 2003 (circa 99.000 t) bis 2007 (circa 124.000 t) und schließlich bis 2010 (ebenfalls circa 124.000 t). Hiervon produziert China circa 97% (Angerer et al 2009: 307ff; Schüler et al. 2011: 18). Der Grund für die relative Stabilität der Produktion liegt vor allem darin, dass China seine Produktion von Seltenen Erden stark reglementiert. So gibt es bereits seit dem Jahr 2001 verschiedene Formen von Ausfuhrsteuern und Exportquoten sowie ein Verbot für ausländische Unternehmen, selbstständig in die Industrie der Seltenen Erden in China zu investieren (Schüler et al. 2011: 36). Im Jahr 2000 gab es eine Exportquote für Seltene Erden aus China in Höhe von circa 46.000 t und 2007 circa 44.000 t. Hinzu kamen jeweils Ausfuhrsteuern zwischen 15% und 25% (Korinek 2010). Im Jahr 2008 betrug die Quote circa 42.000 t, 2009 48,000 t und 2010 circa 30,000 t, wobei weiterhin Ausfuhrsteuern bestanden (Schüler et al. 2011: 37). Laut dem chinesischen Wirtschafsplan bis 2015 soll die Exportquote bis zu diesem Jahr bei höchstens 35.000 t liegen (Schüler et al. 2009: 37f). Als Gründe hierfür werden der Naturschutz und die Umweltschonung sowie die Konsolidierung und Restrukturierung der Industrie der Seltenen Erden angeführt. Jedoch soll auch die heimische chinesische Wirtschaft gerade in Hinblick auf ‚grüne' Technologien wie Solar-Anlagen, Windkraft und Elektromobilität ein Erstzugriffsrecht auf die Elemente besitzen und die gesamte Wertschöpfungskette der Erden in China gehalten werden (Schüler et al. 2011: 38).

Derzeit wird weltweit an der Erschließung weiterer Abbaumöglichkeiten für Seltene Erden gearbeitet. Dieses geschieht z.B. in den USA , Australien und Kanada. Diese Prozesse sind jedoch sehr kostenintensiv und bedürfen einer langen Technologieentwicklungsphase. Dies kann mitunter über zehn Jahre in Anspruch nehmen (Schüler et al 2001: 23f und 38).

Legt man den Fokus nun auf Neodym, ein Metall aus der Gruppe der so genannten leichten Seltenen Erden, so sind für dieses Element kaum eigenständige Daten für verfügbar. Der Abbau und die Produktion von Neodym finden zu nahezu 100% in China statt. Seine Weiterverarbeitung zu Bauteilen für Magnete erfolgt zu circa 75% bis 80% in China. Die übrigen 20% bis 25% der Verarbeitung werden in Japan durchgeführt. Die letztendliche Produktion der vorgestellten NdFeB-Magnete findet ebenfalls zu circa 75% bis 80% in China und circa 20% in Japan statt. In Europa werden circa 5% der Magnete produziert. Auch dieser Marktstellung Chinas wollen die USA mit dem Aufbau einer eigenen Produktion der Magnete entgegenwirken (Schüler et al. 2011: 33f).

Der Preis von Neodym ist in den ersten Monaten des Jahres 2011 rasant gestiegen. Betrug er im November 2010 noch circa 99,00$, so lag er im Februar 2011 bei circa 280,00$ pro kg (http://www.metal-pages.com/metalprices/neodymium/). Genauere Daten zum Preis von Neodym waren nicht verfügbar. Wie viel Neodym derzeit produziert wird, ist nicht bekannt. Es ist aber ein sehr wichtiges Metall sowohl für die Produktion der vorgestellten Magnete als auch für den Bereich der Lasertechnik. 2006 wurde ein Bedarf von 4.000 t Neodym weltweit geschätzt. Dieser soll bis 2030 nur für diese beiden Techniken auf 26.000 t steigen (Angerer et al. 2009: 313f).

Problemdefinition

Nach der näheren Betrachtung der vier Zukunftstechnologien und der daraus abgeleiteten fünf Rohstoffe, die aus globaler Perspektive analysiert wurden, erfolgt nun eine Problemdefinition auf Basis der bisherigen Erkenntnisse aus EU-Perspektive. Hierzu wird der Bezug zu <u>These 2</u> aus Abschnitt 4.4 hergestellt. Diese These besagt, dass für die Erreichung der Ziele der vorgestellten Europa 2020-Strategie der Zugang Europas bzw. der europäischen Industrie zu bestimmten Rohstoffen gesichert sein muss. Die Versorgungssituation mit den beispielhaft herausgearbeiteten fünf Rohstoffen wird in der folgenden Übersicht aus europäischer Perspektive und in Anlehnung an die fünf Analysekriterien dargestellt. Dabei werden die Rohstoffvorkommen und die Produktion in Bezug auf das Gebiet der EU dargestellt (K1 und K2). Ebenfalls werden vorhandene Exportrestriktionen abgebildet (K3) und auf die Volatilität des Rohstoffpreises in den vergangenen Jahren eingegangen. Hier ist die oben dargestellte Datenlage ausschlaggebend. Die Volatilität wird als ‚hoch' eingeschätzt, wenn die Schwankungen zwischen 30% und 100% über dem untersten Preisniveaus der betrachteten Daten lagen. Als ‚sehr hoch' werden Schwankungen darüber eingestuft. Diese Einteilung ist als grober Richtwert anzusehen und wird vom Autor als sinnvoll erachtet (K4). Unter Einbeziehung der geringen Kenntnisse über die Zukunftsperspektiven der Versorgung und des Bedarfs der ausgewählten Rohstoffe und im Hinblick auf die oben ausgeführten Charakteristika wird in der Tabelle eine generelle Einschätzung der zukünftigen Versorgungslage jedes Rohstoffs in der Europäischen Union angegeben (K5).

Tabelle 1:
Rohstoffversorgung im europäischen Binnenmarkt im Überblick

Kriterium	*Gallium*	*Germanium*	*Indium*	*Kobalt*	*SE/Neodym*
Vorkommen (K1)	unbekannt	unbekannt	unbekannt	unbekannt	unbekannt
Produktion (K2)	unsicher	keine	keine	keine	keine
Exportbeschr. (K3)	unwesentlich	ja	ja	unwesentlich	ja
Volatilität (K4)	hoch	sehr hoch	sehr hoch	hoch	sehr hoch
Zukunft (K5)	unsicher	unsicher	unsicher	unsicher	unsicher

Quelle: Eigene Darstellung auf Basis der analysierten Daten

Die Kurzprofile der Rohstoffe und die Übersichtstabelle zeigen, dass die Versorgung mit Gallium, Germanium, Indium, Kobalt und den Seltenen Erden bzw. Neodym für den europäischen Binnenmarkt sehr großen Unsicherheiten unterliegt. Hierfür sind, je nach Rohstoff, verschiedene Gründe ausschlaggebend. Ein entscheidender Faktor für diese Einschätzung ist jedoch, und dieser gilt für alle fünf Elemente, dass derzeit keine Vorkommen in Europa bekannt sind bzw. keine förderungswürdigen Reserven bestehen. Hieraus ergibt sich unweigerlich die Frage danach, wie die Europäische Union mit dieser Situation umgeht. Die Analyse der Politiken der EU folgt im nächsten Schritt dieser Arbeit.

5.3 Politikformulierungs- und Entscheidungsphase I

Die Mitteilung der Kommission KOM(2008)699 bildet den Ausgangspunkt der Politik der Europäischen Union im Bereich nichtenergetischer Rohstoffe als eigenständiges Politikfeld. Die inhaltlichen Schwerpunkte werden im Folgenden knapp dargestellt, um anschließend ausgewählte Aspekte der Strategie in der Implementierungsphase zu analysieren. Die Betrachtung der Mitteilung der Kommission ist eine Fokussierung auf das Ende der Politikformulierungs- und Entscheidungsphase. Das politische Programm ist dabei bereits aus verschiedenen Problemen und Lösungsvorschlägen formuliert (Jann/ Wegrich 2009) und über das Programm ist entschieden worden. Ebenso wurde es verabschiedet und veröffentlicht (Blum/ Schubert 2009: 117).

Die Mitteilung betont das bisherige Versäumnis, dass zwar fossilen Rohstoffen und der Versorgung mit ihnen höchste Priorität auf der politischen Agenda eingeräumt wurden, aber die Gewährleistung der Versorgungssicherheit, z.B. mit Metallen und Mineralien, unzureichend thematisiert wurde. Um diesen Umstand zu ändern, skizziert die Mitteilung einen dreigleisigen Ansatz zur Behandlung des Themas auf europäischer Ebene. Dies wird unter anderem damit begründet, dass moderne Gesellschaften und Industrien auf eine sichere Versorgung mit nichtenergetischen Rohstoffen angewiesen sind (vgl. KOM(2008)699). Die Mitteilung beschreibt im Weiteren ein Szenario der Versorgungssituation mit nichtenergetischen Rohstoffen der EU. Hierbei wird zum einen die große Selbstversorgungskapazität, z.B. bei Natursteinen und Gips, dargestellt und zum anderen auf die Importabhängigkeit bei Metallen hingewiesen. Als Beispiele werden dabei Kobalt, Platin, Seltene Erden und Titan genannt. Seitens der Kommission wird darauf hingewiesen, dass nur bei einer sicheren Versorgung mit diesen und weiteren Metallen die Umstellung auf eine emissionsarme Industrie gelingen kann. Hierzu wird in der Mitteilung ein zentrales Ziel darin gesehen, die für die EU kritischen Rohstoffe mit Hilfe einer Analyse herauszufiltern und aufzulisten. Auch wird das Problem der zu hohen illegalen Schrottexporte aus der EU explizit thematisiert, was den Verlust von Metallen für den europäischen Binnenmarkt zur Folge hat (vgl. KOM(2008)699). Die Kommission schlägt in der Mitteilung eine Strategie zur Rohstoffsicherung mit drei Kernzielen vor:

Ziel 1: „Diskriminierungsfreier Zugang zu Rohstoffen auf dem Weltmarkt"

Die Nachfrage nach Metallen und Mineralien zur Produktion von High-Tech-Produkten ist stark konjunkturabhängig. Deshalb wirken sich die damit verbundenen Schwankungen im Verhältnis von Angebot und Nachfrage stark auf die Preise für Rohstoffe aus. Hinzu kommt, dass Schwellenländer wie Indien, Brasilien und China bei einer positiven Weltkonjunktur eine erhebliche Nachfrage nach nichtenergetischen Rohstoffen produzieren. Die Versorgungslage mit Rohstoffen wird besonders dann erschwert, wenn sich ihr Vorkommen auf wenige Länder beschränkt und wenn Exportrestriktionen vorliegen, so die Mitteilung. Um möglichen Exportbeschränkungen von Rohstoffen entgegen zu treten, schlägt die Kommission die verstärkte Nutzung von Verfahren im Rahmen der WTO zur Durchsetzung des freien Handels vor. Ebenso sieht die EU-Kommission Schwierigkeiten bei einer stabilen Rohstoffversorgung, wenn die exportierenden Länder politisch instabil sind. Um möglichen Problemen diesbezüglich entgegenzuwirken, schlägt die EU in der Mitteilung den Einsatz des Instruments der bi- und multilateralen Abkommen zum einen mit Industrieländern wie Japan und den USA und zum anderen mit Schwellenländern wie China vor. Ebenso sollen Abkommen mit Russland geschlossen werden und ein besonderer Fokus auf den rohstoffreichen afrikanischen Kontinent gelegt werden. In Bezug auf Afrika soll das Thema Rohstoffe in die bisherige Zusammenarbeit und in die zukünftige Entwicklungszu sammenarbeit integriert werden (vgl. KOM(2008)699).

Ziel 2: „Dauerhafte Versorgung mit Rohstoffen aus europäischen Quellen"

In diesem Ziel werden folgende Punkte aufgegriffen: Erschließung europäischer Rohstoffquellen, Verbesserung der Forschung zu Rohstoffvorkommen, der Rohstoffsubstitution und den Recyclingmöglichkeiten innerhalb der EU.

Ziel 3: „Senkung des Primärrohstoffverbrauchs in der EU"

Grundsätzlich sollen mit diesem Ziel die Ressourceneffizienz, das Recycling sowie die Substitution von kritischen Rohstoffen und der verstärkte Einsatz erneuerbarer Rohstoffe gefördert werden, um die Abhängigkeit der EU von Primärrohstoffen und Rohstoffimporten zu mindern, die Umweltbilanz zu verbessern und zugleich die Industrie mit den von ihr benötigten Rohstoffen zu versorgen. Dem Recycling kommt dabei eine zentrale Rolle zu. Es verbessert die Energieeffizienz, vor allem in der Metallherstellung, wo bei Verarbeitung von Sekundärrohstoffen (Schrott) deutlich weniger Energie verbraucht wird als bei der Verarbeitung von Primärrohstoffen. Als bisherige Probleme beim Recycling werden unter anderem mangelnde Informationen über die Qualität von Recyclingmaterial sowie zu geringe Kenntnisse über Abfallströme und die Abfallverbringung identifiziert. Dies gilt besonders beim, teils illegalen, Export von rohstoffreichem Schrott aus der Europäischen Union (z.B. Altfahrzeuge und Elektrogeräte). Deshalb wird in der Mitteilung eine konsequente Umsetzung des EU-Rechts für Abfälle gefordert (vgl. KOM(2008)699).

Zusammenfassung

Die drei Kernziele der Mitteilung lassen sich im Zugang zu Rohstoffvorkommen in Drittländern zu gleichen Bedingungen für alle, bessere Rahmenbedingungen für die Rohstoffgewinnung in der EU und Senkung des Verbrauchs von Primärrohstoffen durch Steigerung der Ressourceneffizienz und mehr Recycling zusammenfassen. Es lässt sich daraus schließen, dass die Rohstoffpolitik eine Querschnittspolitik darstellt. Sie enthält, wie in der Mitteilung ersichtlich, unter anderem Handels-, Entwicklungs-, Umwelt-, Forschungs- und energiepolitische Elemente. Zwar ist die vorliegende erste Mitteilung zur Rohstoffpolitik zwei Jahre vor der Strategie Europa 2020 erschienen, jedoch ist ihre Behandlung bei der Analyse des gesamten Politikprozesses von immenser Bedeutung.

In der nun folgenden Implementierungsphase werden vier Ergebnisse der ersten Mitteilung aus dem Jahr 2008 analysiert. Hierbei handelt es sich um Politiken, die eindeutig in Zusammenhang mit der Rohstoffinitiative der Mitteilung KOM(2008)699 stehen und somit auf deren Basis als politischer Outcome gelten können. Es handelt sich dabei um die Definition der für die EU kritischen Rohstoffe, die beispielhafte Behandlung eines Verfahrens bei der WTO in Bezug auf metallische Rohstoffe und die Bemühungen der EU, die

Rohstoffpolitik in die Zusammenarbeit mit Industrie- und Entwicklungsländern zu integrieren. Auf die Analyse möglicher Politiken bei der innereuropäischen Erschließung von Rohstoffvorkommen wird aufgrund der Erkenntnisse aus der Problemdefinition verzichtet. Diese hat gezeigt, dass die ausgewählten Rohstoffe nach derzeitigem Kenntnisstand in der EU nicht in einem abbauwürdigen Umfang vorhanden sind. Die Politiken bezüglich des dritten Ziels der Rohstoffmitteilung werden nach der Analyse der zweiten Mitteilung zur Rohstoffpolitik und der Analyse der Aktivitäten im Europäischen Parlament als weiterer Schwerpunkt dieser Arbeit gesondert betrachtet.

5.4 Implementierungsphase

Die Implementierungsphase ist die Phase, in der politische Absichten wie Steuerungsinstrumente, Gesetze, Regulierungen etc. in messbare Taten umgesetzt werden (Blum/Schubert 2009: 123). Die Betrachtung der bisher umgesetzten Inhalte aus der ersten Rohstoffmitteilung wird in diesem Abschnitt anhand der bereits beschriebenen Politiken durchgeführt. Die ausgewählten Inhalte werden dabei chronologisch in der Zeitspanne vom Jahr 2008 bis zum Erscheinen der zweiten Mitteilung zur Rohstoffpolitik im Jahr 2011 behandelt. Jedes der analysierten drei Beispiele wird abschließend einer Bewertung durch den Autor unterzogen.

5.4.1 Das Element des freien Handels mit Rohstoffen

Das Ziel des freien Handels mit Rohstoffen inklusive des Zugangs zu Rohstoffen unter gleichen Bedingungen für alle, welches seitens der Europäischen Union sowohl in der Rohstoffinitiative als auch in der Strategie Europa 2020 definiert wurde, erfuhr in den letzten Jahren empirisch gesehen eine konträre Entwicklung. So stieg die Zahl der Ausfuhrbeschränkungen generell weltweit für Rohstoffe von circa 450 im Jahr 2008 auf etwa 1.000 im Jahr 2010. Von diesen circa 1.000 Maßnahmen betreffen rund 300 den Bereich der metallischen und mineralischen Rohstoffe (http://www.gtai.de/DE/Content/Online-news/2011/07/s1,hauptbeitrag=210520,layoutVariant=Standard, sourcetype=SE,templateId=render.html). Wie bereits dargestellt, soll der freie Welthandel für Rohstoffe seitens der EU vor allem im Rahmen der WTO über das GATT-Abkommen gesichert werden. Den dort verankerten Konflikt-beilegungsmechanismus (http://www.wto.org/english/tratop_e/dispu_e/dispu_e.htm) nutzte die Europäische Union gemeinsam mit den USA und u.a. Mexiko im Jahr 2009, indem die beteiligten Parteien ein Verfahren bezüglich der chinesischen Exportpraktiken bei der WTO beantragten. Der Anlass hierfür war, dass nach Ansicht der drei Parteien Chinas Politik gegen allgemeine WTO-Grundsätze und Verpflichtungen verstößt, die China mit seinem WTO-Beitrittsprotokoll übernommen hat. Konkret ging es bei der Beschwerde der EU um Exportrestriktionen Chinas für Bauxit, Koks, Fluorit, Siliziumcarbid und Zink sowie Exportzölle auf gelben Phosphor, Bauxit, Koks, Fluorit, Magnesium, Mangan, Silizium-Metalle und Zink. Die Rohstoffe sind vor allem für die Chemie- und Stahlindustrie wichtig (Mildner/ Wassenberg 2009). China berief sich in diesem Verfahren auf Artikel 20 (Schutz der Umwelt und der inländischen Ressourcen) des GATT-Abkommens, welches in Abschnitt 5.2 vorgestellt wurde. Die EU hingegen bezog sich auf Artikel 11 (freier Handel und Verbot von Exportquoten) dieses Abkommens. Im Juli 2011 entschied das Konflikt-Panel der WTO, dass die Restriktionen Chinas gegen das Welthandelsrecht verstoßen (siehe gesamtes Verfahren unter http://www.wto.org/ english/tratop_e/dispu_e/cases_e/ds394_e.htm #bkmk394r<http://www.wto. org/ english/tratop_e/dispu_e/cases_e/ds394_e.htm%23bkmk394r).

Ein weiteres Ziel der EU, nämlich die Integration des Themas Rohstoffhandel in künftige Freihandelsabkommen, äußerste sich bereits im verabschiedeten Freihandelsabkommen mit Südkorea aus dem Jahr 2010. In diesem Abkommen wurde ein gegenseitiges Verbot von Exportbeschränkungen vereinbart. Ebenfalls hat die EU dieses Anliegen auf die Agenda bei den Verhandlungen zu einem möglichen Beitritt Russlands zur WTO gesetzt (http://www.gtai.de/ fdb-SE,MKT201104268001,Google.html).

Bewertung

Generell ist die Austragung von Handelsstreitigkeiten über die WTO als ein konfliktärer Mechanismus zu bezeichnen. Dieser bringt das Risiko mit sich, dass die Spannungen zwischen den exportierenden und den importierenden Ländern eher ver- als entschärft werden. Weiterhin lässt sich argumentieren, dass solche Verfahren einer langen Bearbeitungszeit bedürfen und der Ausgang ebenfalls unsicher ist. So sind Exportrestriktionen für Rohstoffe oder Güter besonders aufgrund von Artikel 20 des GATT-Abkommens nicht außergewöhnlich. Circa ein Drittel der WTO-Mitglieder macht von dieser Möglichkeit in irgendeiner Form Gebrauch (http://www.internationalepolitik.de/2011/01/05/eine-frage-der-kooperation/). Aufgrund dieser Unsicherheiten und der Überzeugung, dass Konflikte gerade im Handelssystem viele

Probleme mit sich bringen können, wird der Ansatz der Rohstoffsicherung über die Mechanismen der WTO vom Autor als problematisch angesehen. Zwar ist es unabdingbar, dass internationale Vereinbarungen eingehalten werden. Jedoch scheint die Dauer der Streitbeilegung und die verschiedenen Interpretationen der gemeinsamen Regelungen das Konfliktlösungspotenzial im Rahmen der WTO bei stark volatilen Rohstoffen einzuschränken.

5.4.2 Die Liste kritischer Rohstoffe der EU

Um das Ziel der Identifikation von für die EU kritischen Rohstoffen aus der Mitteilung KOM(2008)699 zu erreichen, wurde von der EU-Kommission eine Arbeitsgruppe bestehend aus Mitgliedern und unter dem Vorsitz der Kommission, Mitarbeitern einiger nationaler geologischer Dienste und aus Experten von Industrieunternehmen wie z.B. Volkswagen oder Nokia eingerichtet. Diese Arbeitsgruppe legte im Juni 2010 ihren Abschlussbericht „Defining Critical Raw Materials" (MEMO/10/263) vor (http://ec.europa.eu/enterprise/policies/raw-materials/critical/index_de.htm). Hierbei stand die Untersuchung von 41 Metallen und Mineralien im Mittelpunkt. Bei 14 dieser Stoffe wurde seitens der Arbeitsgruppe ein Versorgungsrisiko für die Europäische Union und ihre Unternehmen festgestellt. Die 14 kritischen Rohstoffe der EU-Liste sind Antimon, Beryllium, Kobalt, Flussspat, Gallium, Germanium, Graphit, Indium, Magnesium, Niob, Metalle der Platingruppe, Seltene Erden, Tantal und Wolfram.

Die große Gefahr einer Verknappung dieser Rohstoffe hängt nach der Interpretation der Arbeitsgruppe vor allem damit zusammen, dass ein großer Teil der globalen Produktion auf einige wenige Länder beschränkt ist. Dies sind vor allem China (Antimon, Flussspat, Gallium, Germanium, Graphit, Indium, Magnesium, Seltene Erden und Wolfram), Russland (Metalle der Platingruppe), die Demokratische Republik Kongo (Kobalt, Tantal) und Brasilien (Niob und Tantal). Ebenfalls bestehen bei all diesen Metallen bisher sehr niedrige Recyclingraten (MEMO/10/263). Dieses Problem wird sich nach der EU-Analyse dadurch verschärfen, da in den nächsten Jahren mit einem starken technologischen Wandel gerechnet wird.

Die wichtigsten neuen Technologien, die die Nachfrage nach den kritischen Rohstoffen steigen lassen werden, sind laut Arbeitsgruppe bei Antimon Antimon-Zinn-Oxid und Mikrokondensatoren, bei Kobalt Lithium-Ionen-Batterien und synthetische Treibstoffe, bei Gallium Dünnschicht-Photovoltaikmodule, integrierte Schaltkreise und weiße Leuchtdioden, bei Germanium Glasfaserkabel und Infrarotoptik, bei Indium Bildschirme und Dünnschicht-Photovoltaikmodule, bei Platin Brennstoffzellen und Katalysatoren, bei Palladium (Metall der Platingruppe) Katalysatoren und Meerwasserentsalzung, bei Niob Mikrokondensatoren und Eisenlegierungen, bei Neodym (Seltene Erden) Permanentmagnete und Lasertechnologie und bei Tantal Mikrokondensatoren und medizinische Technologien (vgl. vertiefend die gesamte Analyse MEMO/10/263).

Bewertung

Die Ergebnisse der Untersuchungen wurden auch bei der Erstellung der im nächsten Abschnitt analysierten zweiten Mitteilung zur Rohstoffinitiative berücksichtigt. Festzuhalten ist, dass ein in der ersten Mitteilung festgeschriebenes Ziel in Form der Definition der kritischen Rohstoffe implementiert wurde. Die Analysen der Arbeitsgruppe spiegeln in dieser Arbeit die durchgeführten Untersuchungen im Abschnitt der Problemdefinition wider. Alle dort identifizierten Metalle sind auch in der Liste der 14 kritischen Rohstoffe aufgeführt.

5.4.3 Rohstoffpolitik und Entwicklungszusammenarbeit – Beispiel Afrika

> „Zu Beginn des 21. Jahrhunderts ist Afrika wieder mehr in den Fokus der internationalen Politik gerückt. Als Rohstoff- und Energiemarkt, aber auch als Verbündeter und Partner in internationalen Organisationen [...] ist es sowohl für die ‚alten Mächte' als auch für die neuen ‚Global Players' von Interesse. Aus deren Bemühen um den Kontinent erwächst Afrika ein verstärktes Selbstbewusstsein" (Klaeren 2009: 3).

Wie bereits in der ersten Mitteilung zur Rohstoffinitiative der Europäischen Union dargestellt, verdeutlicht dieses Zitat nochmals, dass das Thema Rohstoffversorgung auch im Bereich der nichtenergetischen Rohstoffe eine wichtige Rolle in den Beziehungen zwischen der EU und den Staaten Afrikas spielen soll und wird.

Der Verhandlungspartner auf höchster politischer Ebene der EU ist bei diesem Thema die Afrikanische Union (AU). Mit 53 Vollmitgliedern hat die im Jahr 2002 gegründete Afrikanische Union inzwischen das umfassendste Mandat (politisch, wirtschaftlich und sozial) für Afrika. Als die Organisation der Afrikanischen Einheit – welcher noch im Zeichen der Dekolonialisierung die Aufgabe der Verteidigung der afrikanischen Unabhängigkeit nach außen zukam – ablösende Organisationsform hat die AU sich das Ziel gesetzt, vor allem inneren Zusammenhalt und nachhaltige Entwicklung zu fördern (Schmidt 2009).

Die Beziehungen der EU und der AU werden seit mehreren Jahren in gemeinsamen Aktionsplänen und bei gemeinsamen Konsultationen (EU-Afrika-Gipfel) geregelt. Im Dezember 2010 fand in Libyen der dritte EU-Afrika-Gipfel statt (vgl. vertiefend http://www.africa-eu-partnership.org/). Bei diesem wurde auch der gemeinsame Aktionsplan für die Jahre 2011 bis 2013 festgelegt. Dieser Plan enthält erstmals im Kapitel „Priorität 5: Rohstoffe" eine festgeschriebene Zusammenarbeit bezüglich nichtenergetischer Rohstoffe. Hierbei soll das Thema der Entwicklungszusammenarbeit mit dem Abbau von Rohstoffen verbunden werden.

Die drei Kernelemente der Vereinbarung im Aktionsplan lauten „Governance" (Zusammenarbeit bei der Entwicklung von Strategien zur nachhaltigen Nutzung und dem Handel mit Rohstoffen, Besteuerungsmodelle für den Bergbau etc.), „Investitionsklima" (Entwicklung von Plänen zur Landnutzung und zur Verbesserung des Investitionsklimas besonders für kleine und mittelständische Unternehmen in Afrika) und eine Zusammenarbeit der geologischen Dienste (Wissensaustausch über Umwelteinflüsse beim Bergbau und Erforschung von Rohstofflagerstätten). So sollen Initiativen für eine bessere politische Steuerung des Rohstoffabbaus, eine verbesserte Infrastruktur durch europäische Investitionen und bessere Kenntnisse über geologische Vorkommen im Bereich des Rohstoffabbaus erreicht werden (vgl. Joint Africa EU Strategy, Actionplan 2011-13). In der Zukunft soll weiterhin überprüft werden, ob Schnittmengen zwischen der europäischen Rohstoffinitiative und der African Mining Vision, dem Strategiepapier zum Rohstoffabbau der Afrikanischen Union, vorliegen (http://vl.unctad.org/files/wksp/oilgaswksptanz10/docs/Background%20readings/Africa%20Mining%20Vision.doc).

Die Aktivitäten der EU in Bezug auf den Handel mit Rohstoffen aus Afrika sind jedoch mit zwei wesentlichen Problemen konfrontiert. Einerseits sind viele afrikanische Staaten derzeit von politischer Instabilität geprägt, woraus sich große Risiken bei der Versorgungssicherheit mit Rohstoffen ergeben könnten und was ebenfalls eine Kooperation mit undemokratischen Regimen erfordern kann und andererseits steigt der Rohstoffbedarf Chinas, Indiens und anderer aufstrebender Mächte, wodurch die Bedeutung der Rohstoffvorkommen in Afrika höher bewertet wird. Das Auftreten dieser Akteure ist eine neue Herausforderung für die europäischen Außenbeziehungen (Grimm 2009).

Eine besonders aktive Rolle im Bereich der Investitionen in den Rohstoffabbau spielt seit Jahren China in Afrika. So haben sich die Rohstoffimporte Chinas aus Afrika zwischen dem Jahr 2000 und dem Jahr 2010 circa verzehnfacht (http://www.wiwo.de/finanzen/rohstoffmarkt-mit-neuen-erzfeinden-430916/4/). Somit besitzen chinesische Investoren bereits eine längere Erfahrung beim Abbau von Rohstoffen in Afrika. Die chinesischen Investitionen werden dabei oftmals unabhängig von politischen Systemen, sozialen Standards oder der humanitären Lage in den afrikanischen Ländern getätigt, was von europäischer Seite oft kritisiert wird (vgl. z.B. vertiefend Saam 2008).

Bewertung

Basierend auf den präsentierten Informationen scheint es bei der Kooperation zur Rohstoffsicherung der Europäischen Union mit Afrika viele unsichere Faktoren zu geben. Hierzu zählen vor allem die politische Lage in den Staaten Afrikas sowie die Gefahr, in einen Wettbewerb um die reine Ausbeutung der Rohstoffe in Afrika mit anderen Akteuren wie China zu geraten. Dieser Wettbewerb könnte letztlich in einem ökonomischen Wettstreit münden, der soziale Fragen und eine nachhaltige Entwicklung in den Staaten Afrikas außer Acht lässt. Deshalb wird eine faire Kooperation mit Afrika im Bereich der Rohstoffe vom Autor als unbedingt erstrebenswert beurteilt. Es wird jedoch bezweifelt, dass dieses Instrument geeignet ist, um langfristig eine stabile Rohstoffsicherung für die europäische Industrie zu gewährleisten. Vielmehr sollte in einer solchen Kooperation die Schaffung einer Wertschöpfungskette in den afrikanischen Ländern selbst im Vordergrund stehen.

5.5 Politikformulierungs- und Entscheidungsphase II

In dieser Phase werden die aktuellen Entwicklungen im Bereich der europäischen Rohstoffinitiative behandelt. So wird in einem ersten Schritt die Mitteilung KOM(2011)25 vom Februar 2011 analysiert. Hierbei liegen die Schwerpunkte der Untersuchung darauf, wie sich die Mitteilung strukturell im Vergleich zur Mitteilung KOM(2008)699 von 2008 entwickelt hat, wie die bisher innerhalb der Initiative getroffenen Maßnahmen bewertet werden und welche Maßnahmen für die Zukunft vorgeschlagen werden. Anschließend werden die Aktivitäten des Europäischen Parlaments beleuchtet. Hierbei handelt es sich um den bereits erwähnten Bütikofer-Bericht, welcher am 13.09.2011 im Plenum des EP verabschiedet wurde.

Der Titel „Grundstoffmärkte und Rohstoffe: Herausforderungen und Lösungsansätze" der aktuellen Mitteilung (KOM(2011)25) macht bereits deutlich, dass hier ein weites Spektrum an Materialien angesprochen wird und dass der Schwerpunkt auf den Märkten von Rohstoffen liegt. So werden in dieser Mitteilung energetische Rohstoffe (Öl, Gas), Elektrizität, Agrar-Rohstoffe (z.B. Kaffee und Kakao) und Lebensmittel sowie metallische Rohstoffe und Mineralien behandelt. Im Mittelpunkt der Mitteilung steht der Handel mit Grund- und Rohstoffen. Eine Differenzierung zwischen Grundstoffen, Lebensmitteln und metallischen Rohstoffen wird dahingehend vorgenommen, dass Grundstoffe, Agrarprodukte, energetische Rohstoffe sowie unedle Metalle wie Zinn, Zink und Kupfer an globalen Finanzmärkten gehandelt werden und in den letzten Jahren großen Spekulationen unterlagen. Nichtenergetische kritische Metalle und Mineralien wie Kobalt, Gallium oder Indium hingegen werden überwiegend nicht öffentlich an Finanzmärkten gehandelt (vgl. KOM(2011) 25). Der Bereich der energetischen Rohstoffe sowie der Grundstoffe und der Agrarprodukte wird an dieser Stelle nicht vertiefend behandelt. Es sei lediglich drauf hingewiesen, dass diese Thematik, und hier vor allem die Betrachtung der Weltfinanzmärkte, circa die Hälfte des Inhalts der vorliegenden Mitteilung ausmachen. Bezüglich der Rohstoffinitiative für nichtenergetische Rohstoffe wird der dreigliedrige Ansatz aus der Mitteilung KOM(2008)699 fortgeführt. Dieser betrifft nun die definierten Rohstoffgruppen metallische Mineralstoffe, Industrieminerale, Baustoffe, Holz und Naturkautschuk. Der Fokus dieser Arbeit wird jedoch weiter den Bereich der Metalle in den Mittelpunkt stellen.

In Säule eins (Gesicherter Zugang zu Rohstoffen in Drittländern unter gleichen Bedingungen für alle) wird der neue Begriff der Rohstoff-Diplomatie eingeführt. Hiermit ist die Verknüpfung des Themas Rohstoffsicherung mit den Themen verantwortungsvolle Staatsführung, Menschenrechte, Konfliktbewältigung und regionale Stabilität in Drittländern beabsichtigt.

Säule zwei (2. Förderung einer nachhaltigen Versorgung mit Rohstoffen aus europäischen Quellen) wird aus den bereits genannten Gründen nicht vertiefend behandelt.

Säule drei (Steigerung der Ressourceneffizienz und Förderung der Kreislaufwirtschaft) führt erstmals den Begriff der Kreislaufwirtschaft ein. Dieser wird später als Ausgangspunkt für Kapitel 6 dieser Arbeit dienen (vgl. KOM(2011) 25).

Bei der Bewertung der Ziele aus der Mitteilung aus dem Jahr 2008 zieht die Kommission ein positives Fazit bezüglich der ersten Säule. Als Erfolge werden die bereits in der Implementierungsphase dargestellten Initiativen in Bezug auf die WTO, die Freihandelsabkommen und Afrika genannt. Die bisherigen Initiativen sollen laut Mitteilung weitergeführt und um ein permanentes Überwachungssystem für kritische Rohstoffe im internationalen Handelssystem ergänzt werden. Verstärkt werden soll vor allem die Verknüpfung von Entwicklungs- und Rohstoffpolitik. Hierbei wird auch die Entwicklung eines Verhaltenskodexes für europäische Unternehmen erwogen, die in Drittländern im Rohstoffsektor tätig sind.

Die zweite Säule, bei der es im Wesentlichen um die geologische Erforschung Europas geht, wird, wie bereits erwähnt, nicht vertiefend behandelt. In Säule drei legt die Mitteilung den Hauptfokus auf den Umgang mit Abfällen in der EU. Im Mittelpunkt steht dabei das Verfahren der Rückgewinnung nützlicher Stoffe aus Siedlungsabfall (auch als „Urban Mining“ bezeichnet), welches nach Ansicht der Kommission für die europäische Industrie eine der wichtigsten Quellen von metallischen und mineralischen Rohstoffen in der Zukunft darstellt. Durch die Verwendung von Sekundärrohstoffen soll so ein Beitrag zur Ressourceneffizienz, zur Verringerung der Treibhausgasemissionen und zum Umweltschutz geleistet werden. Dieses Potenzial der Abfälle wird laut Mitteilung jedoch in keinem ausreichenden Maße genutzt. Um Rohstoffe zukünftig im Wirtschaftskreislauf der Europäischen Union zu halten, schlägt die EU-Kommission mehrere Maßnahmen vor. Hierzu zählt unter anderem die klare Definition, wann Abfall seine Abfall-Eigenschaft verliert und wieder als Rohstoff, genauer gesagt als ein Sekundärrohstoff, bezeichnet werden kann und muss. Weiterhin wird vorgeschlagen, die Ströme von Abfällen genauer zu analysieren und Maßnahmen zu ergreifen, die Abfälle den rechtmäßigen Behandlungsarten zuzuführen und vor allem den illegalen Export von Abfällen zu unterbinden und hierfür effektive Maßnahmen zu entwickeln (vgl. KOM(2011)25).

Basierend auf der dritten These zur Europa 2020-Strategie aus Abschnitt 4.4 wird der thematische Schwerpunkt im weiteren Verlauf dieser Arbeit auf die dritte Säule der Rohstoffinitiative gelegt. Die – es sei erinnert – lautet:

„Um sowohl die ökonomischen als auch die ökologischen Ziele der Strategie Europa 2020 zu erreichen, ist die Nutzung von Abfällen als Rohstoffbasis mit dem Ziel einer Kreislaufwirtschaft im Bereich von Rohstoffen unabdingbar."

Bevor diese Thematik jedoch in das Zentrum des Interesses gerückt wird, werden zuvor abschließend zu den Politiken der EU im Rahmen der Rohstoffinitiative die Aktivitäten des Europäischen Parlaments behandelt.

Das Europäische Parlament und namentlich der Abgeordnete Reinhard Bütikofer, Berichterstatter im Ausschuss für Industrie, Forschung und Energie (ITRE) erstellte im Jahr 2011 einen Initiativbericht mit dem Titel „Eine erfolgreiche Rohstoffstrategie für Europa". Der Bericht wurde wie bereits erwähnt im September 2011 im Plenum des EP angenommen. Nach Artikel 45 der Geschäftsordnung des Europäischen Parlaments können in den Ausschüssen Initiativberichte erstellt werden. Das heißt, das Parlament kann eigenständig Entschließungen im Plenum verabschieden, ohne dass es dazu von einem weiteren Organ der EU aufgefordert werden muss. Dies ist bei der Erstellung des Initiativberichts durch den Abgeordneten Bütikofer der Fall (vgl. Geschäftsordnung des Europäischen Parlaments). Das Thema wird federführend im Ausschuss ITRE behandelt. Das bedeutet, dass dieser Ausschuss den Initiativbericht anfertigt und im Plenum des Parlaments zur Abstimmung stellt. Weiterhin verfassten in diesem Fall mehrere Ausschüsse Stellungnahmen zum Initiativbericht, wobei hier vor allem der Ausschuss für Umweltfragen, Volksgesundheit und Lebensmittelsicherheit (ENVI) mit der Berichterstatterin Judith Merkies zu nennen ist (vgl. Stellungnahme zum Bütikofer-Bericht).

Während des parlamentarischen Verfahrens zum Bericht von Reinhard Bütikofer wurden insgesamt 279 Änderungsanträge von Abgeordneten des Europäischen Parlaments eingereicht, die am 30.06.2011 im ITRE-Ausschuss abgestimmt wurden. Anschließend fand am13.09.2011 im Plenum des Europäischen Parlaments eine Abstimmung statt, bei welcher der Bericht angenommen wurde (vgl. Artikel 46 der Geschäftsordnung des Europäischen Parlaments; http://www.europarl.europa.eu/oeil/FindByProcnum.do?lang=2&procnum=INI/2011/2056). Im Folgenden sollen die Schwerpunkte des Bütikofer-Berichts soweit wie für die vorliegende Analyse von Bedeutung in aller Knappheit aufgeführt werden:

Im Bericht wird bereits in den Erwägungsgründen betont, dass ein verstärkter Wettbewerb um Rohstoffe die internationalen Beziehungen verschlechtern und zu ressourcenbedingten Konflikten führen kann. Weiterhin wird festgestellt, dass Nachhaltigkeit, Wettbewerbsfähigkeit und Versorgungssicherheit mit kritischen Rohstoffen durch mehr Effizienz und Recycling begünstigt werden. Generell wird jedoch die Zustimmung zur Rohstoffinitiative der Kommission festgestellt. Der Bericht kritisiert hingegen die Ausweitung auf die Grundstoffmärkte und auf die energetischen Rohstoffe der Mitteilung KOM (2011)25. Demnach werden im Initiativbericht nicht-energetische Metalle und Mineralien absolut prioritär behandelt. Die Rohstoffversorgungsproblematik wird ferner als Chance angesehen, die Ressourceneffizienz und vor allem innovative Techniken zum Recycling in Europa zu etablieren. Dazu soll nach dem Bericht klar herausgestellt werden, welchen Beitrag das Recycling zum Klimaschutz leistet. Ebenso wird betont, dass ein verstärktes Recycling durch eine bessere Kontrolle der Abfallströme gesteigert werden soll. In den Punkten 20 und 21 setzt sich der Bericht explizit mit den Potenzialen der Ressourcengewinnung aus Abfällen auseinander. Hierbei wird in Punkt 20 die Kommission dazu aufgefordert zu prüfen, in welchem Umfang Siedlungsabfälle und deren Deponien als Rohstoffbasis mit Hilfe des Recyclings genutzt werden können. Hiervon verspricht sich das Europäische Parlament eine bessere Verfügbarkeit von Rohstoffen und zusätzliche Arbeitsplätze in der gesamten Union. Weiterhin fordert der Bericht die stufenweise Einführung eines generellen Verbots der Abfalldeponierung in der gesamten Europäischen Union. In Punkt 21 vertritt das EP die Auffassung, dass dringend weitere Informationen über die Rückgewinnung nützlicher Stoffe aus Siedlungsabfall benötigt werden. Die Kommission wird deshalb aufgefordert, vor allem das diesbezügliche Potenzial, aber auch die möglichen Einschränkungen zu bewerten. Weiterhin empfiehlt der Bütikofer-Bericht, Recycling-Politiken und Strategien mit Entwicklungsländern zu entwickeln und bedauert, dass die EU-Kommission keine Strategie in Bezug auf eine Zusammenarbeit im Bereich der Metalle und Mineralien mit China plant (vgl. Initiativbericht: Eine Erfolgreiche Rohstoffstrategie für Europa – 2011/2056/INI).

5.6 Reflexion der Policy-Analyse

Nach der durchgeführten Analyse der drei grundlegenden Dokumente der Europäischen Union, welche zum einen durch die modifizierte Abfolge der Phasen des *Policy Cycle* und zum anderen durch die drei Thesen aus Abschnitt 4.4 strukturiert wurde, werden in einem Zwischenfazit nun einige Ergebnisse resümiert. Hier ist an erster Stelle die Frage zu beantworten, ob der *Policy Cycle* ein geeignetes Instrument zur Analyse der EU-Rohstoffinitiative ist. Die Antwort auf diese Frage fällt differenziert aus. Einerseits lässt die Flexibilität des Cycles eine Anpassung an das Ziel der vorliegenden Politikanalyse zu, andererseits wurde jedoch deutlich, dass die Rohstoffpolitik als eine Querschnittspolitik nicht als ein stringenter Policy-Prozess gefasst werden kann. Auch wurde die Analyse aufgrund der empirischen Voraussetzungen nicht nach dem ‚idealen Verlauf' des *Policy Cycle* durchgeführt (vgl. dazu Abschnitt 2.3 und 2.4), sondern an den vorhandenen Politiken bzw. Dokumenten ausgerichtet. Dabei wurde der Cycle nach der Implementierungsphase ‚kurzgeschlossen' (vgl. Abschnitt 5.4) und bevor empirisch eine ausführliche Evaluation der implementierten Inhalte durchgeführt wurde, eine zweite Politikformulierungsphase durch die EU-Institutionen eingeleitet (vgl. Abschnitt 5.5).

Die verschiedenen beteiligten Politikfelder wie die Umweltpolitik, die Handelspolitik, die Entwicklungspolitik oder die Forschungspolitik schaffen die Situation, in der eine Vielfalt von Implementierungsformen und Problemen behandelt werden müssen. In diesem Kapitel war es daher nicht möglich und auch nicht das Ziel, jedes beteiligte Politikfeld ganzheitlich zu beleuchten. Der Prozesscharakter des *Policy Cycle* wurde bei der Bearbeitung der Politiken der EU in diesem Kapitel über den inhaltlichen Fortgang bei der Rohstoffpolitik abgeleitet. Dass die Rohstoffpolitik auch seitens der Europäischen Institutionen als Querschnittspolitik betrachtet wird, ist auch daran zu erkennen, dass bei der Erstellung der Mitteilung KOM(2011)25 insgesamt 19 Generaldirektionen innerhalb der Kommission konsultiert wurden. Hierunter waren unter anderem die Generaldirektionen für Umwelt, Energie, Handel, Entwicklung, Landwirtschaft und Klimawandel. Federführend beteiligt bei diesem Prozess war die Generaldirektion für Unternehmen und Industrie (Quelle: Eigene Anfrage bei der EU-Kommission). Ebenso befassen sich mehrere Ausschüsse neben dem vorherrschenden Ausschuss ITRE und dem bereits erwähnten Ausschuss ENVI, nämlich unter anderem der Ausschuss für den Binnenmarkt, für Landwirtschaft oder für den Außenhandel mit dem Bericht von Reinhard Bütikofer (http://www.europarl.europa.eu/oeil/FindByProcnum.do? lang=2&procnum=INI/2011/2056).

Als strukturelles Ergebnis ist festzuhalten, dass seitens der EU-Kommission von der ersten zur zweiten Rohstoffmitteilung eine deutliche Ausweitung des Themenspektrums in Bezug auf die behandelten Stoffe vorgenommen wurde.

Das Europäische Parlament, welches erst seit einigen Monaten (Oktober 2010) im Bereich der Rohstoffpolitik initiativ tätig ist, kann als Korrektiv hin zu einem engen Verständnis der Rohstoffinitiative als Ansatz für Metalle und Mineralien mit einem Versorgungsrisiko für die EU verstanden werden. Strukturell ist weiterhin erkennbar, dass der entwickelte Drei-Säulen-Ansatz der Kommission innerhalb der Initiative generelle Zustimmung von beiden Organen der EU erfährt und fortgeführt werden soll.

Die inhaltliche Dimension in Form der Verknüpfung der Strategie Europa 2020 über die drei Thesen und die damit verbundene beispielhafte Analyse von fünf Rohstoffen aus vier Zukunftstechnologien hat gezeigt, wie bedeutend eine stabile Versorgung Europas mit Rohstoffen, über die die EU selbst nicht verfügt, sein kann. Um nun in einem letzten Analyseschritt das anvisierte Untersuchungsziel dieses Buches zu erreichen, wird in einem separaten Kapitel (6) überprüft, welche relevanten EU-Abfallpolitiken aktuell existieren. Im Mittelpunkt steht dabei die Fragestellung, wie deren ‚Programmierung' im Hinblick auf die Ziele sowohl in den Bereichen nachhaltige Entwicklung und Transformation der Ökonomie als auch beim Klimaschutz (Europa 2020) sowie bezüglich der Nutzung von Abfällen als Rohstoffbasis auf dem Weg in eine europäische Recycling-Gesellschaft (Europa 2020 und EU-Rohstoffinitiative) ausgestaltet ist. Hierbei wird systematisch analysiert, welche vorgeschlagenen Maßnahmen aus dem „Fahrplan für ein ressourcenschonendes Europa" und der dritten Säule der Rohstoffinitiative bereits einen Niederschlag in der EU-Abfallpolitik finden. Denn abschließend ist zu beurteilen, ob ein im Vorwort aufgeworfener Paradigmenwechsel von einer Politik der Reduktion von Umweltbelastungen durch Abfall hin zu einer Wahrnehmung von Abfällen als Rohstoffbasis konstatiert werden kann. Es stehen also Politiken im Mittelpunkt, die im Zusammenhang mit dem Ziel stehen, Rohstoffe aus Abfällen einer Widerverwertung zuzuführen. Der Fokus wird dabei sowohl auf die Ebene des *Policy-Outcome* und des *Policy-Impact* verschoben.

6 Politikinstrumente – Vom Abfall als Problem zum Abfall als Ressource?

Bisher wurden die Bezüge der EU-Rohstoffinitiative und der Strategie Europa 2020 zur Abfallpolitik klar herausgearbeitet. Hierzu gehörten unter anderem die in der dritten Säule der Rohstoffinitiative (Forderung nach Definition der Abfalleigenschaft, Untersuchung der Abfallströme etc.) und der Strategie Europa 2020 (Ziel der Recycling-Gesellschaft in der EU) diskutierten Ansätze. Wie aber in Kapitel 3 deutlich wurde, besteht seit über 35 Jahren ein eigenständiger politischer und rechtlicher Rahmen der Europäischen Union in Bezug auf den Umgang mit Abfällen. Bezogen auf die Recycling-Politik sollen nun als zentral erachtete aktuelle Politiken analysiert und der Zusammenhang zur Rohstoffversorgungsproblematik diskutiert werden. Als Ausgangspunkt der Analysen wird das seitens der EU genannte Ziel der Kreislaufwirtschaft verwendet. Dieses Konzept begreift nach dem Verständnis des UNEP (United Nations Environmental Programme) allgemein den Herstellungsprozess eines Produktes als Ganzes. Von der Rohstoffgewinnung und Verarbeitung, der Produktion, über den Transport und Vertrieb, die Nutzung, Zweitnutzung und Instandhaltung eines Produktes, bis zur endgültigen Entsorgung, die möglichst im Sinne eines Materialkreislaufs als Recycling ausgestaltet ist, wird jede Phase betrachtet. Das Ziel dieses Konzepts ist es, die verwendeten Stoffe für Produkte in einem permanenten Kreislauf zu halten und somit anfallende und ungenutzte Abfälle zu reduzieren und letztlich komplett zu vermeiden (http://www.unric.org/de/pressemitteilungen/4760).

In vorliegendem Kapitel wird im Sinne der dritten Säule der Rohstoffinitiative und der Mitteilung KOM(2011)571 der Fokus auf die Phase in der Kreislaufwirtschaft gelegt, in welcher ein Produkt nicht länger genutzt wird und somit aus einem Erzeugnis ein Abfall entsteht. Hierbei ist die Frage nach dem Umgang mit diesen Abfällen in der Europäischen Union und den Politiken zur Rückwandlung von Abfällen in Sekundärrohstoffe zentral. Im ersten Abschnitt dieses Kapitels wird die im Jahr 2008 novellierte und bereits in Kapitel 3 dieses Buches thematisierte Richtlinie über Abfälle (2008/98/EG) im Mittelpunkt stehen. Aus dieser Richtlinie werden für das Recycling entscheidende Neuerungen identifiziert und analysiert. Die hieraus gewonnenen Erkenntnisse werden anschließend am Beispiel des Abfallstroms der Siedlungsabfälle diskutiert. Hierbei wird die Richtlinie über Abfalldeponien (1999/31/EG) in den Mittelpunkt gestellt.

Eine generelle Schwierigkeit ergibt sich bei diesem Vorhaben daraus, dass die Abfallrahmenrichtlinie zwar bis zum Dezember 2010 in nationales Recht hätte umgesetzt werden sollen, dies jedoch der Mehrzahl der Mitgliedstaaten nicht gelungen ist. So teilte die EU-Kommission bereits im Januar 2011 23 Mitgliedsstaaten mit, dass ihre Informationen zur Umsetzung der neuen Abfallrahmenrichtlinie nicht ausreichend seien. Nachdem die Kommission dann im Mai 2011 sechs Mitgliedstaaten (Frankreich, Lettland, Luxemburg, Ungarn, Slowenien und die Slowakei) zu einer mit Gründen versehenen Stellungnahme gemäß Art. 258 AEUV aufgefordert hatte, ihren jeweiligen Umsetzungsstatus der Richtlinie mitzuteilen, folgte im Juli eine entsprechende Aufforderung gegenüber fünf weiteren Staaten (Bulgarien, Zypern, Estland, Griechenland, Polen). Die elf Mitgliedstaaten hatten die Kommission bis zum Juli 2011 nicht über die Umsetzung der Abfallrahmenrichtlinie in innerstaatliches Recht informiert (BDE Europaspiegel 07/2011). Somit stehen als Material oftmals nur die Primär-Dokumente der Europäischen Union zur Verfügung.

Im zweiten Abschnitt liegt der Fokus auf dem Umgang mit zu Abfall gewordenen Elektrogeräten in der EU. Dabei wird auch auf die Recyclingpotenziale der im Abschnitt 5.1 analysierten Zukunftstechnologien und der im Abschnitt 5.2 identifizierten Rohstoffe eingegangen. Eine zentrale Rolle hierbei nimmt die Richtlinie 2002/96/EG über Elektro- und Elektronik-Altgeräte (auch WEEE-Richtlinie – Waste Electrical and Electronic Equipment genannt) ein, die sich derzeit in einem Überarbeitungsprozess befindet. Der aktuelle Sachstand der Revision der Richtlinie und die unterschiedlichen Positionen der EU-Institutionen zur Neufassung werden einer Analyse unterzogen. Diese Schwerpunktsetzung ergibt sich daraus, dass die in Abschnitt 5.2 identifizierten Rohstoffe fast ausschließlich in elektrischen Anwendungen eingesetzt werden. Ein Anliegen dieses Kapitels ist es auch, zum Abschluss konkrete Vorschläge für die Fortentwicklung der EU-Recyclingpolitik allgemein (im Zusammenhang mit der Kreislaufwirtschaft) und speziell im Bereich der vorgestellten Rohstoffe abzuleiten. Bevor nun mit der Darstellung der Neuerungen der Abfallrahmenrichtlinie begonnen wird, werden in einem ersten Abschnitt zunächst Basisdaten über Abfälle in der Europäischen Union geliefert.

6.1 Daten zum EU-Abfallaufkommen

Um einen einführenden und auf Daten basierenden Zugang zum Thema der Abfallbewirtschaftung in Europa zu erhalten, wird an dieser Stelle ein knapper

Überblick über die Entwicklung des Abfallaufkommens und den Umgang mit Abfällen in der EU gegeben. Dabei werden die Effekte der 2005 als eine der sieben Initiativen des 6. Umweltaktionsprogramms entwickelten „thematischen Strategie für Abfallvermeidung und -recycling" (KOM(2005)666) herangezogen. Am 19.01.2011 veröffentlichte die Europäische Kommission einen Bericht, der eine erste Evaluation der Fortschritte bei der Umsetzung der Strategie enthält (vgl. KOM(2011)13). Demnach ist das Abfallaufkommen in der EU zwischen 2006 und 2008 um 10% gestiegen. Zwischen den Mitgliedstaaten bestehen weiterhin erhebliche Unterschiede in den Bereichen Abfallvermeidung und Recycling. Während in einigen Mitgliedstaaten Recyclingraten von mehr als 70% erreicht werden konnten, findet in anderen Staaten immer noch eine Deponierung von Abfällen von über 90% statt (vgl. KOM(2011)13). Die Gesamtrecyclingquote der EU erhöhte sich im Vergleich von 2005 bis 2008 um 3% und lag bei 38%. Bezüglich der Abfalldeponierung ist ein rückläufiger Trend in der EU festzustellen. So lag die Quote der deponierten Abfälle 2005 bei 49% und 2008 bei 40% (vgl. ebd.). Dabei sanken die durch die Abfallwirtschaft verursachten Treibhausgasemissionen zwischen 1995 und 2007 um mehr als 30%. Sie betrugen demnach 2007 2,8% der Gesamtemissionen der Europäischen Union (vgl. KOM(2011)13).

6.2 Die Neuerungen der Abfallrahmenrichtlinie

6.2.1 Überblick

Im November 2008 wurde vom Europäischen Parlament und dem Rat die überarbeitete Richtlinie über Abfälle verabschiedet. Diese Richtlinie soll für eine EU-weit einheitliche Abfallbehandlung sorgen sowie zum Schutz der Umwelt und der menschlichen Gesundheit beitragen. Der Anspruch der Richtlinie ist es weiterhin, Maßnahmen zur Abfallvermeidung zu verstärken und die Auswirkungen des Abfallaufkommens auf die Umwelt zu mindern. Die Notwendigkeit einer intensiveren Verwertung von Abfällen, um Rohstoffe im Wirtschaftskreislauf zu halten, stellt ebenso einen wichtiges Anliegen der Richtlinie dar (vgl. 2008/98/EG). Zur Erreichung dieser Ziele enthält die Richtlinie mehrere Neuerungen. Hierzu zählen unter anderem:

- Eine neue Abfallhierarchie (Prioritätenfolge), die um weitere Stufen ergänzt wurde (vgl. Artikel 4 der Richtlinie);
- Die Einführung einer erweiterten Herstellerverantwortung (Produktverantwortung) für den gesamten Lebenszyklus eines Produkts, zu wel-

chem die Mitgliedstaaten Regelugen schaffen können (vgl. Artikel 8 der Richtlinie);

- Eine Beschränkung des Abfallrechts auf bewegliche Sachen (vgl. Erwägung 10 der Richtlinie);
- Die Definition der Nebenprodukte und ihre Abgrenzung von Abfällen (vgl. Artikel 5 der Richtlinie);
- Regelungen zum Ende der Abfalleigenschaft im Zusammenhang mit Verwertungsverfahren zur Schaffung eines Marktes für Sekundärrohstoffe (vgl. Artikel 6 der Richtlinie);
- Eine Abgrenzung der Abfallverwertung von der Beseitigung als Brennstoff in Abfallverbrennungsanlagen nach einer Energieeffizienzformel (vgl. Anhang II der Richtlinie);
- Die Stärkung der Entsorgungsautarkie bei der Beseitigung und Verwertung von gemischten Siedlungsabfällen (vgl. Erwägung (32) und Artikel 16 der Richtlinie);
- Regelungen zur Erstellung von Abfallvermeidungsprogrammen mit konkreten Vermeidungszielen in den Mitgliedstaaten bis Ende 2013 mit dem Ziel, das Wirtschaftswachstum von den mit der Abfallerzeugung verbundenen Umweltauswirkungen zu entkoppeln (vgl. Anhang IV der Richtlinie) (Cord-Landwehr/Kranert 2010: 20ff; vgl. 2008/98/EG).

Im Folgenden werden nun für diese Arbeit relevante Neuerungen analysiert. Dabei handelt es sich um die neue Abfallhierarchie, die Lebenszyklus-Analyse sowie die Kriterien zum Ende der Abfalleigenschaft.

6.2.2 Die Abfallhierarchie

Das Kernelement der Abfallrahmenrichtlinie ist die Einführung einer neuen fünfstufigen Abfallhierarchie nach Artikel 4, die festlegt, wie mit Abfällen in der EU umgegangen werden soll. Die Begriffe der neuen Abfallhierarchie werden dabei in Artikel 3 der Richtlinie voneinander abgegrenzt. Das Hauptaugenmerk soll demnach auf der „Abfallvermeidung" liegen.

Die zweithöchste Priorität wird der „Vorbereitung zur Wiederverwendung" zugewiesen. Dies ist beispielsweise die Prüfung und/oder Reparatur oder die Reinigung von Erzeugnissen, die zu Abfällen geworden sind. Das Ziel hierbei ist, dass die Erzeugnisse oder Teile von diesen ohne weitere Behandlung wiederverwendet werden können.

Auf Stufe drei der Abfallhierarchie steht das „Recycling“. Damit sind Verwertungsverfahren gemeint, durch die Abfallmaterialien erneut zu Erzeugnissen, Materialien oder Stoffen zurück gewonnen werden (im Folgenden auch stoffliche Verwertung genannt). Hierzu zählt jedoch keine Verarbeitung zu Brennstoffen. Dieser Fall wird auf der nächsten Stufe der Hierarchie angenommen.

Als „Verwertung“ werden auf Stufe vier nämlich die Verfahren bezeichnet, deren Hauptziel es ist, Abfälle einem sinnvollen Hauptzweck zuzuführen. Ein solcher Zweck liegt unter anderem vor, wenn durch die Verbrennung von Abfällen Energie entsteht, welche z.B. Öl oder Gas ersetzt, das normalerweise zur Energieerzeugung benötigt würde (im Folgenden auch energetische Verwertung genannt). Hierbei muss aber das Hauptziel des Verfahrens die Energieerzeugung aus den Abfällen sein. Ist das nicht der Fall und ist die Entstehung von Energie nur ein Nebenprodukt bei der Abfallverbrennung, so spricht man von einer „Abfallbeseitigung“ auf Stufe fünf der Abfallhierarchie. Eine solche Abfallbeseitigung kann auch eine Abfalldeponierung sein.

Die neue Abfallhierarchie lautet also Abfallvermeidung (Stufe eins), Vorbereitung zur Wiederverwendung, (Stufe zwei), Recycling (Stufe drei), sonstige Verwertung (Stufe 4) und Abfallbeseitigung (Stufe fünf) (vgl. 2008/98/EG; http://europa.eu/legislation_summaries/environment/waste_management/ev0010_de.htm).

6.2.3 Der Ansatz der Betrachtung des Lebenszyklus

Nach Artikel 4 Absatz 2 der Abfallrahmenrichtlinie ist ein Abweichen von der oben behandelten Abfallhierarchie für bestimmte Abfallströme möglich, wenn dies durch das Lebenszyklusdenken hinsichtlich der gesamten Auswirkungen der Erzeugung und Bewirtschaftung dieser Abfälle gerechtfertigt ist (vgl. 2008/98/EG). Der Begriff des Lebenszyklusdenkens (Life Cycle Thinking – LCT) beinhaltet, dass die Rohstoffnutzung und deren Auswirkungen auf die Umwelt über den gesamten Lebenszyklus eines Produkts oder einer Dienstleistung betrachtet werden. Ziel ist eine Ressourcenoptimierung unter Reduktion der gesamten Umweltbelastungen. Die Lebenszyklusanalyse (Life Cycle Assessment – LCA) generiert die Daten, um das LCT zu verifizieren. Bei der Analyse nach international standardisierten Methoden (ISO-Normen – International Organization for Standardization) werden alle relevanten Emissionen, die verbrauchten Ressourcen sowie die mit dem Produkt oder der Dienstleistung verbundenen Auswirkungen auf die Umwelt und die Gesundheit berücksichtigt (vgl. auch vertiefend Kloepffer 2008). Diese Methode soll vermeiden, dass etwa durch die Lösung eines Umweltproblems bei der Herstellung eines Produkts dieses lediglich in den Bereich der Entsorgung verschoben wird (http://www.see.tu-berlin.de/menue/forschung/projekte/life_cycle_sustainability_assessment/).

Aus dem Ansatz des *Life Cycle Thinking* können nun Abweichungen von der fünfstufigen Abfallhierarchie möglich sein. Eine Abweichung muss dabei nach Art. 4 Absatz 2 der Abfallrahmenrichtlinie gerechtfertigt werden. Dabei ist z.B. zu berücksichtigen, dass die Maßnahme verglichen mit der eigentlich nach der Hierarchie vorgesehenen Behandlungsart die negativen Auswirkungen des Abfalls reduziert oder verhindert, die gesamten Auswirkungen des Ressourcenverbrauchs verringert und die Effizienz des Ressourcenverbrauchs erhöht wird und nicht gesundheitsschädlich ist. Weiterhin darf durch die Alternative die Umwelt nicht geschädigt werden. Es darf demnach kein Risiko für Wasser, Luft, Boden, Pflanzen oder Tiere bestehen.

Die Entscheidung für eine Abweichung kann in einem Mitgliedstaat oder einer Region für bestimmte Abfallströme durch die zuständigen Behörden getroffen werden (http://ec.europa.eu/environment/etap/inaction/policynews/501_de.html). Ein Beispiel hierfür wäre es, wenn der Transport von bestimmten Abfällen zu einer Verwertungsanlage mehr CO_2-Emissionen hervorrufen würde, als bei seiner Beseitigung in Form von Verbrennung vor Ort ausgestoßen würden. Somit wäre die Verbrennung als Beseitigung bei diesem auf ein Kriterium reduzierten Beispiel (CO_2-Emissionen) für die Umwelt sinnvoller.

Einen detaillierten Überblick über die Maßnahmen und Aktivitäten der EU im Bereich LCT und LCA bietet das „Handbook International Reference Life Cycle Data System (ILCD)“ der europäischen Plattform für die Lebenszyklusanalyse. In diesem Leitfaden sind die Anwendungsmöglichkeiten der Konzepte für Entscheidungsträger auf allen Ebenen in der Wirtschaft und der Administration ausgeführt. Inwiefern das LCA im Bereich der Abfallwirtschaft in Form einer Abweichung von der vorgegebenen Abfallhierarchie Verwendung finden wird, muss noch abgewartet werden, da die Abfallrahmenrichtlinie bisher noch in den wenigsten Mitgliedsstaaten der EU umgesetzt wurde.

6.2.4 Das Ende der Abfalleigenschaft

Abfälle aus den europäischen Haushalten und der Industrie sollen, wie bereits dargestellt, im Sinne der Kreislaufwirtschaft in Zukunft immer mehr zu sekundären Rohstoffen und neuen Produkten verarbeitet und so im Wirtschaftskreislauf gehalten werden. Allerdings gab es bisher keine eindeutigen und vor allem für den gesamten EU-Rechtsraum gültigen Kriterien dafür, wann ein aus Abfällen zurück gewonnenes Material keinen Abfall mehr darstellt und wieder so betrachtet werden kann wie andere Rohstoffe oder Produkte. Dieser Zustand soll mit dem neuen Artikel 6 der Abfallrahmenrichtlinie geändert werden. Hiernach ist die Europäische Union nun berechtigt, im Rahmen des Komitologie-Verfahrens verbindliche Kriterien in Form von Verordnungen für das Abfallende von Materialien und Schrott festzulegen (vgl. 008/98/EG).

Beim Komitologie-Verfahren entscheiden das Europäische Parlament und der Rat über die grundsätzlichen Bestimmungen in den Rechtsakten und übertragen einem Fachausschuss die Regelung der technischen Durchführung. Diese Fachausschüsse sind mit Vertretern der Mitgliedstaaten unter Leitung der Kommission besetzt. Ziel des Verfahrens ist eine schnellere Rechtssetzung (http://www.eu-koordination.de/umweltnews/news/politik-recht/731-komitologie-neue-eu-entscheidungsregeln-in-kraft).

Der Zweck der Verordnungen bezüglich des Abfallendes soll vor allem sein, das Recycling rechtlich eindeutig zu regeln und damit die Recyclingquoten zu erhöhen sowie die Qualität von Sekundärmaterialien zu verbessern. So soll ein einheitlicher europäischer Markt für recycelte Rohstoffe geschaffen werden, um die Nachfrage nach diesen zu stärken und das Recycling insgesamt zu fördern (http://www.eu-koordination.de/umweltnews/news/abfall/804-foerderung-der-recycling-maerkte-durch-neue-abfallende-kriterie). Die Abgrenzung von Abfall und Produkt ist in diesem Kontext deshalb so ausschlaggebend, weil sie darüber entscheidet, welchen gesetzlichen Erfordernissen ein Material beim gesamten Prozess des Recyclings und beim Handeln mit den zu recycelnden und den recycelten Stoffen unterworfen ist.

Bei der Abgrenzung zwischen Abfall und den aus dem Abfall zurückgewonnenen Rohstoffen wird im EU-Rechtskontext zwischen Abfall und einem Produkt unterschieden, da der Begriff des Sekundärrohstoffs EU-weit nicht verwendet wird (siehe Anlage 3). Der Unterschied, ob mit einem Abfall oder einem Produkt gehandelt wird, liegt darin, dass der grenzüberschreitende Handel mit Abfällen der so genannten Abfallverbringungsverordnung unterliegt. Diese Verordnung verpflichtet die mit Abfall handelnden Akteure unter anderem dazu, jeden grenzüberschreitenden Transport in einem Notifizierungsverfahren anzumelden und schreibt allgemeine Informationspflichten bei der Verbringung von Abfällen über Grenzen hinweg vor (Verordnung 1013/2006). Wenn nun klare Kriterien festgelegt werden, die z.B. Schrott unter bestimmten Bedingungen das Ende der Abfalleigenschaft „attestieren", greift diese Verordnung nicht mehr. Somit könnte der Handel mit Schrott in der EU erleichtert werden.

Gleichzeitig gilt mit Abfallende aber die so genannte REACH-Verordnung 1907/2006 (Registration, Evaluation, Authorisation and Restriction of Chemicals). Diese verlangt für das Inverkehrbringen bestimmter Stoffe deren vorherige Registrierung und gegebenenfalls einen umfangreichen Stoffbericht (Verordnung 1907/2006). Hier ist jedoch derzeit noch kein genaues Verfahren in der Praxis festgelegt, da die ersten Kriterien zum Abfallende erst im März 2011 beschlossen wurden. Nach Artikel 2 der REACH-Verordnung ist ein Stoff, der seine Abfalleigenschaft verloren hat, generell im Geltungsbereich der REACH-Verordnung angesiedelt. Artikel 2 besitzt jedoch eine Ausnahmeregel (Artikel 2 Nr. 7 Buchstabe (d)). Diese besagt, dass das zurückgewonnene Produkt nicht erneut einer REACH-Registrierung unterzogen werden muss, wenn es ‚identisch' mit einem bereits registrierten Stoff ist (Verordnung 1907/2006). Somit könnte eine komplette Neuregistrierung von recycelten Produkten (Sekundärrohstoffen) entfallen. Wichtig ist hier, wie der Begriff „identisch" in der Zukunft ausgelegt wird. Es ist in Bezug auf den Verwaltungsaufwand von großer Bedeutung, ob Stoffe im Sinne der REACH-Verordnung registriert werden müssen. Somit könnte hiervon auch abhängen, wie das Abfallende-Modell in Zukunft genutzt wird (http://www.lubw.baden-wuerttem_berg.de/servlet/is/61853/).

Die Abfallrahmenrichtlinie gibt in Artikel 6 vier abstrakte Kriterien für alle zukünftigen Verordnungen zum Abfallende von Stoffen vor. Hierbei handelt es sich 1. um die Verwendung des Stoffes für bestimmte Zwecke, 2. um einen bestehenden Markt bzw. bestehende Nachfrage, 3. um die Erfüllung technischer und rechtlicher Anforderungen sowie 4. um das Verbot von schädlichen Umwelt- und Gesundheitsfolgen (vgl. 2008/98/EG). Diese Anforderungen werden in den derzeit erarbeiteten EU-Verordnungen durch die Kommission konkretisiert.

Die Erste Verordnung mit Kriterien für das Abfallende von Eisen, Stahl und Aluminium wurde im März 2011 verabschiedet. Sie definiert die Behandlungsschritte, die abgeschlossen sein müssen, bevor Schrott seinen Abfallstatus verliert und in einem endgültigen Verwertungsverfahren zu einem neuen Produkt wird. Hierzu ist es z.B. bei den genannten Stoffen erforderlich, dass alle mechanischen Behandlungen, die zur Vorbereitung des Schrotts für die direkte Zuführung zur Endverwendung erforderlich sind, abgeschlossen sind. Dazu zählen unter anderem das Zerkleinern, Schreddern, Sortieren, Trennen, Reinigen, und Dekontaminieren der Materialien. Ebenso dürfen von den Materialien keine Gefahren für die Umwelt ausgehen. Weiterhin darf der Anteil von Fremdmaterialien am Schrott insgesamt bei Stahl und Eisen nicht höher als 2% bzw. bei Aluminium nicht höher als 5% des Gesamtgewichts der jeweiligen Menge an Stahl-, Eisen- oder Aluminiumschrott sein (Verordnung 333/2011).

Wie sich die Einführung der Kriterien zum Ende der Abfalleigenschaft empirisch auswirkt, wird erst in den nächsten Jahren überprüfbar sein. Weiterhin ist abzuwarten, für wie viele Stoffströme es diese Kriterien geben wird. Derzeit werden noch Kriterien für Glas, Bioabfall und Kupfer entwickelt (vgl. internes Dokument der FEAD in der Anlage).

6.3 Das Beispiel Deponierichtlinie

Verknüpft man nun das Ziel einer Kreislaufwirtschaft, bei welcher die Rohstoffe im Wirtschaftssystem gehalten werden, mit der vorgestellten fünfstufigen Abfallhierarchie und beachtet gleichsam die Ziele zum Klimaschutz aus der Strategie Europa 2020, so fällt auf, dass besonders die fünfte Stufe der Hierarchie (Beseitigung) der Kreislaufwirtschaft entgegensteht. Sowohl die Deponierung von Abfällen als auch deren Verbrennung ohne eine Verwertung bzw. effiziente Umwandlung in einen Brennstoff entziehen die beseitigten Rohstoffe dem Wirtschaftskreislauf (bei der Deponierung zumindest vorläufig). Die Abfallbeseitigung ist jedoch noch eine weit verbreitete Behandlungsmethode innerhalb der EU (vgl. Abschnitt 6.1). Hinzu kommen bei bei den Beseitigungsverfahren mögliche, große Belastungen. So stoßen Deponien mit unvorbehandelten Abfällen oft große Mengen von Treibhausgasen, vor allem Methangas, aus und können durch versickerndes verunreinigtes Wasser den Boden und das Grundwasser belasten (http://www.bmu.de/abfallwirtschaft/fb/abfallpolitik/doc/print/2959.php).

Den rechtlichen Rahmen für die Regelung der Deponierung in der EU bietet die Richtlinie 1999/31/EG, die in Artikel 5 vorschreibt, dass alle Mitgliedstaaten die Deponierung der biologisch abbaubaren Anteile des Siedlungsabfalls bezogen auf das Jahr 1995 auf 75% bis 2006, auf 50% bis 2009 und auf 35% bis 2016 im Vergleich zum Ausgangsaufkommen von 1995 reduzieren müssen. Ebenso werden ein einheitliches Genehmigungsverfahren zum Betreiben einer Deponie und die Verpflichtung festgeschrieben, keine unvorbehandelten Abfälle zu deponieren (vgl. 1999/31/EG). Mit diesen Maßnahmen soll das Ziel erreicht werden, den Ausstoß von Methangas auf Deponien deutlich zu reduzieren und sowohl die Luft als auch den Boden und das Oberflächen- und Grundwasser vor Belastungen zu schützen.

Der Stand bei der Erfüllung dieser Ziele der Richtlinie stellt sich nach zwölf Jahren zwischen den Mitgliedstaaten der EU unterschiedlich dar. Während Länder wie Deutschland, Österreich, Dänemark, Schweden und die Niederlande die festgelegten Reduktionsquoten für die Deponierung von Abfällen für das Jahr 2016 bereits 2005 erreicht hatten, gibt es bis heute sowohl in vielen der in den Jahren 2004 und 2007 der EU beigetretenen Staaten sowie in Griechenland und Großbritannien erhebliche Probleme bei der Zielerreichung. Hier liegen die Raten des deponierten Abfalls zwischen 50% und über 90% (vgl. KOM(2009)633).

In Deutschland hingegen herrscht seit dem Jahr 2005 mit der Einführung der Technischen Anleitung Siedlungsabfall (TASi) ein generelles Deponieverbot für Siedlungsabfälle (Rade 2006). Dieses trägt nachweislich dazu bei, dass die Ziele Deutschlands bei der Reduktion des CO_2-Ausstoßes realisiert werden können (vgl. vertiefend für die potenziale der Abfallwirtschaft zur CO_2-Ausstoßreduktion in Europa die Studie „Klimaschutzpotenziale der Abfallwirtschaft“ aus dem Jahr 2010 des Umweltbundesamts).

Die Europäische Kommission gab im März 2011 bekannt, dass seit Bestehen der Richtlinie 1999/31/EG 177 Vertragsverletzungsverfahren gegen Mitgliedsstaaten aufgrund der Nichtbeachtung der Vorgaben eingeleitet wurden und dass immer noch über 600 illegale Deponien für Abfälle in der EU existieren (FEAD Pressemitteilung März 2011).

Aber auch die Verbrennung von Abfällen, die beseitigt werden sollen, ist in Bezug auf die Kreislaufwirtschaft kein adäquates Mittel. Bei der Verbrennung werden die Stoffe dem Stoffkreislauf unwiederbringlich entzogen. Es muss also exakt abgewogen und definiert werden, wann die Abfallverbrennung eine Verwertung ist, und z.B. fossile Rohstoffe wie Öl und Gas bei der Energieerzeugung ersetzen kann, oder ob eine reine Abfallbeseitigung vorliegt. Nur so kann entschieden werden, ob eine Abfallverbrennung gegenüber anderen

Energieerzeugungsmethoden durch Verbrennung eine sinnvollere Alternative ist (vgl. Vorwort in diesem Buch; vgl. 2008/98/EG).

6.4 Der Umgang mit Elektro- und Elektronik-Abfällen

Wie in Kapitel 5 gezeigt wurde, befinden sich die analysierten kritischen Metalle vor allem in Elektro- und Elektronikanwendungen. Das wirft im Kontext des Ziels der Kreislaufwirtschaft und einer Recycling-Gesellschaft die Frage auf, welche Maßnahmen innerhalb der Europäischen Union bestehen, um die Metalle im Stoffkreislauf zu halten und so praktisches Recycling zu ermöglichen. Die Abfallströme aus Elektro- und Elektronik-Altgeräten haben in den letzten Jahren deutlich zugenommen. Bis zum Jahr 2020 wird in der EU ein Anstieg auf jährlich circa zwölf Millionen Tonnen Elektroschrott erwartet. 2005 waren es noch circa neun Millionen Tonnen. Ungefähr ein Drittel dieser Menge wird aktuell offiziell getrennt gesammelt. Ein erheblich höherer Anteil wird nach Schätzungen zwar auch gesammelt, aber dann entweder illegal exportiert und/oder ohne Berücksichtigung von Umwelt- oder Gesundheitsrisiken behandelt (http://www.vie.unu.edu/file/get/3330). Hieraus resultieren zwei Hauptproblemstellungen:

Zum einen können durch eine nicht ordnungsgemäße Entsorgung von Elektro- und Elektronik-Altgeräten erhebliche Gefahren für die menschliche Gesundheit und die Umwelt entstehen und zum anderen wird die Möglichketi der Rückgewinnung von Rohstoffen aus den Altgeräten stark eingeschränkt.

Gefahren für die menschliche Gesundheit und die Umwelt entstehen z.B. dann, wenn Geräte illegal in Drittländer exportiert und dort demontiert werden (http://www.swedwatch.org/en/reports/e-waste-export-out-control). Belastbare Zahlen für illegale Exporte von Elektroschrott sind für die Europäischen Union jedoch nicht verfügbar. In Deutschland veröffentlichte das Umweltbundesamt (UBA) im Jahr 2010 eine Studie mit dem Titel „Optimierung der Steuerung und Kontrolle grenzüberschreitender Stoffströme bei Elektroaltgeräten/ Elektroschrott" zu dieser Problematik. Laut der Studie betrug die Menge an illegal exportiertem Elektroschrott im Jahr 2008 allein in Deutschland circa 155.000 Tonnen. Ein Großteil davon wurde als ‚funktionsfähig' deklariert und somit illegal verschifft. Exportiert wurden vor allem Fernseher (38%) und Monitore (33%). Der größte Anteil der Geräte wurde dabei auf den afrikanischen und den asiatischen Kontinent transportiert (Uba 2010). Für drei Viertel dieses exportierten Elektroschrotts kann dabei angenommen werden, dass Materialien aufgrund der fehlenden abfallwirtschaftlichen Infrastrukturen in den Empfängerländern zu Lasten der Umwelt beseitigt wurden. Zu den Quellen der Altgeräte, die den europäischen Binnenmarkt derartig verlassen, gehören vor allem Flohmärkte, Altgeräterücknahmen des Handels und Entwendungen bei Sperrmüllsammlungen innerhalb der EU.

Das Problem der illegalen Ausfuhr besteht vor allem deshalb, da in den Empfängerländern Elektro- und Elektronik-Altgeräte zu höheren Preisen gehandelt werden als in Deutschland. Das Hauptmotiv sind laut Studie aber die wesentlich geringeren Entsorgungskosten in Entwicklungsländern (UBA 2010). In den Empfängerstaaten existiert in den meisten Fällen keine mit europäischen Standards vergleichbare Entsorgungsinfrastruktur bzw. die Altgeräte erreichen dort die vorhandenen Entsorgungsanlagen nicht. Durch die oftmals angewandte mechanische Zerlegung (z.B. Zerschlagen von Bildröhren) entstehen erhebliche Gesundheitsrisiken für die Beteiligten. Beim Verbrennen des Elektroschrotts können gefährliche Stoffe entstehen oder in den Produkten enthaltene Schadstoffe freigesetzt werden, die Umwelt und Gesundheit gleichermaßen belasten (UBA 2010). Insgesamt dürfte der illegale Export aus den EU-27-Staaten noch um ein vielfaches höher liegen als die dargestellten Zahlen für Deutschland.

Die EU versucht seit knapp zehn Jahren, mit einer eigenen Richtlinie die Gefahren durch Elektro- und Elektronik-Altgeräte zu begrenzen. Dabei handelt es sich um die Richtlinie über die Verwendung gefährlicher Stoffe in Elektro- und Elektronik-Geräten (engl. Restriction of the Use of Certain Harzardous Substances – RoHS), welche im Jahr 2002 erlassen wurde (vgl. 2002/95/EG). Die RoHS-Richtlinie regelt generell die Verwendung von Gefahrstoffen in Elektro- und Elektronik-Geräten sowie in deren Bauteilen. Dabei verbietet die Richtlinie 2002/95/EG im Wesentlichen die Verwendung von vier Schwermetallen bei der Produktion von Elektro- und Elektronik-Geräten. Diese sind Blei, Cadmium, Quecksilber und sechswertiges Chrom. Des Weiteren ist die Nutzung von zwei Gruppen von bromierten Flammschutzmitteln (PBBs und PBDEs) untersagt (vorbehaltlich der in der Richtlinie definierten Ausnahmen). Somit sollen die möglichen Umweltbelastungen durch die Produkte, besonders im Abfallstadium ihres Lebenszyklus, reduziert und die Behandlung der zu Abfall gewordenen Produkte erleichtert werden (vgl. 2002/95/EG).

Die Richtlinie aus dem Jahr 2002 wurde nun überarbeitet. Im Mai 2011 beschloss der Rat abschließend die neue RoHS-Richtlinie. Wesentliche Neuerungen der Richtlinie sind:

- Die Ausdehnung des Anwendungsbereichs der Richtlinie auf sämtliche Elektro- und Elektronik-Geräte, einschließlich medizinischer Geräte und Überwachungsinstrumente (mit einer achtjährigen Übergangsfrist für neu unter die Richtlinie fallende Geräte);
- Einführung eines neuen und vereinfachten REACH-konformen Änderungsmechanismus für die Liste der verbotenen Substanzen (um auf neue wissenschaftliche Erkenntnisse reagieren zu können);
- Ausrichtung der Richtlinie am Rechtsrahmen zur Vermarktung von Produkten;
- Festhalten am Ausschluss von Solarmodulen im Anwendungsbereich der Richtlinie, bei deren Herstellung teilweise Cadmium eingesetzt wird (vgl. BDE Europaspiegel 12/2010; vgl. Rat 8117/11).

Die RoHS-Richtlinie widmet sich also insbesondere dem Schutz der menschlichen Gesundheit und der Umwelt vor gefährlichen Substanzen aus Elektro- und Elektronik-Geräten und soll ebenso zur Vereinfachung der Demontage dieser Geräte beitragen. Im Kontext dieses Buches wird sie nicht vertiefend behandelt, da der Fokus weiter auf der Rückgewinnung von Metallen und Mineralien aus Abfällen liegen soll. Jedoch war es aufgrund des Beitrags zur Vereinfachung der Demontage von Produkten wichtig, einen Überblick über diese Richtlinie zu erhalten.

Neben dem Aspekt der Umweltbelastung ist jedoch eine weitere Folge der mangelhaften Sammlung von Elektroschrott in der EU, dass dem Wirtschaftskreislauf durch die geringen Sammel- und Verwertungs-quoten Ressourcen ungenutzt bleiben, die in den Geräten enthalten sind. Den rechtlichen Rahmen für diese Problematik bildet auf europäischer Ebene die WEEE-Richtlinie. Die WEEE-Richtlinie beschäftigt sich dabei mit der Sammlung und dem Recycling von Elektro- und Elektronik-Altgeräten. Der Fokus liegt somit im Folgenden auf einer Analyse der WEEE-Richtlinie, da die Rahmenbedingungen für das Recycling in der EU im Mittelpunkt stehen sollen.

Die WEEE-Richtlinie befindet sich seit dem Jahr 2008 in einem Überarbeitungsprozess. Hierbei handelt es sich um das ordentliche Gesetzgebungsverfahren aus Artikel 294 des Vertrags über die Arbeitsweise der Europäischen

Union (AEUV). Demnach unterbreitet die Kommission der EU einen Gesetzesvorschlag (in diesem Fall eine überarbeitete Richtlinie), welcher dem Parlament übermittelt wird. Das Europäische Parlament verabschiedet in erster Lesung seinen Standpunkt inklusive möglicher Änderungen zum Kommissionsvorschlag und leitet seine Position an den Rat der EU weiter. Stimmt der Rat bei seiner ersten Lesung dem Standpunkt des Parlaments zu, so kann der legislative Akt abgeschlossen werden. Verabschiedet der Rat eine eigene Position mit qualifizierter Mehrheit, so wird der Sachverhalt erneut im Parlament in zweiter Lesung behandelt. Bei andauernder Uneinigkeit zwischen dem Parlament und dem Rat kann die Einsetzung eines Vermittlungsausschusses und die Durchführung einer daran anschließenden dritten Lesung erfolgen (http://ec.europa.eu/codecision/index_de.htm).

Im Dezember 2008 legte die Europäische Kommission einen Vorschlag für eine überarbeitete WEEE-Richtlinie vor. Der Grund lag darin, dass die Umsetzung der ersten Richtlinie 2002/96/EG viele Probleme unbehandelt ließ (vgl. KOM(2008)810). Die Erfahrungen mit der WEEE-Richtlinie haben demnach laut EU-Kommission gezeigt, dass erhebliche Schwierigkeiten mit der Umsetzung und Anwendung der Richtlinie bestehen. Hierzu gehört unter anderem, dass den Marktbeteiligten und Verwaltungen unerwartet teure Maßnahmen abverlangt wurden, dass die Umwelt weiterhin geschädigt wird, dass bei der Abfallsammlung und -behandlung kaum Innovationen geschaffen werden, dass keine gleichen Wettbewerbsbedingungen herrschen oder der Wettbewerb gar verfälscht wird und dass der Verwaltungsaufwand unnötig hoch ist (vgl. KOM(2008)819). Seither wird der Vorschlag der Kommission im Europäischen Parlament und Rat behandelt. Bisher gab es noch keine Einigung auf eine neue WEEE-Richtlinie. Im Folgenden werden die Positionen der Kommission, des Parlaments und des Rates in relevanten Punkten zusammengefasst. Allgemein basiert die WEEE-Richtlinie 2002/96/EG auf vier ‚Säulen‘:

1. Sammlung und Verwertung von Altgeräten (Rücknahme-Systeme und Rücknahmestellen, getrennte Sammlung von Elektro- und Elektronikgeräten),

2. Herstellerverantwortung (Hersteller tragen die Kosten für Verwertung und Beseitigung),

3. Kennzeichnung von Geräten (Hersteller müssen die Produkte kennzeichnen, um Verbraucher auf die getrennte Sammlung hinzuweisen),

4. Produkt-Design (Demontage und Verwertung sollen bereits in der Produktionsphase erleichtert werden) (vgl. 2002/96/EG).

6.5 Das WEEE-Revisionsverfahren

Die Position der Europäischen Kommission

Im Dezember 2008 schlug die Kommission, wie bereits erwähnt, eine Neufassung der WEEE-Richtlinie vor. Ein entscheidender Änderungsvorschlag der Neufassung umfasst, dass die Hersteller von Elektro- und Elektronik-Produkten zukünftig verbindlich für die getrennte Abfallsammlung aufkommen müssen (vgl. KOM(2008)810). Bislang lagen lediglich die Verwertung und Entsorgung im Verantwortungsbereich der Hersteller. Die Kosten für die Sammlung der Geräte werden aktuell von der öffentlichen Hand getragen (vgl. 2002/96/EG). Somit würde das Verursacher-Prinzip auf die Sammlung der Geräte ausgeweitet. Ein weiterer Grund für die Überarbeitung der WEEE-Richtlinie besteht darin, Klarheit über die Produkte, die in den Anwendungsbereich der Richtlinie fallen, zu schaffen.

Die Richtlinie 2002/96/EG enthält verschiedene Geräte-Kategorien (10), in welche die Geräte eingeordnet werden (vgl. 2002/96/EG). Ziel des neuen Vorschlags ist es, die Kategorien klarer zu fassen und abzugrenzen sowie den geschlossenen Anwendungsbereich (Definition der betroffenen Produkte) zu erweitern (vgl. KOM(2008)810). Eine weitere Änderung schlug die Kommission bezüglich der Sammlung von Altgeräten vor. Bisher galt das Ziel, dass jeder Mitgliedstaat jeweils 4 Kilogramm Elektro- und Elektronik-Schrott jährlich pro Person zu sammeln hat (vgl. 2002/96/EG). Stattdessen schlägt die Kommission in ihrem Entwurf nun eine prozentuale Sammelquote von 65% der in den vergangenen beiden Jahren auf den Markt gebrachten Elektro- und Elektronik-Geräte (Ziel bis 2016) vor. Somit soll dem nicht in allen Mitgliedstaaten identischen Aufkommen von Elektrogeräten bzw. deren Produktion Rechnung getragen werden (vgl. KOM(2008)810). Nach dem Kommissionsvorschlag werden neben den Sammelquoten erstmals je nach Gerätekategorie auch Verwertungs- Recyclings- und Wiederverwendungsziele definiert.

Ein Hauptpanliegen der Überarbeitung der Richtlinie ist es weiterhin, illegale Exporte von Elektro- und Elektronik-Altgeräten zu unterbinden. Um diesem Ziel näher zu kommen, sollen zukünftig die Exporteure beweisen, dass die

Güter, die sie exportieren, wieder verwendbar sind oder eine eindeutige Deklaration, wie in der bereits erwähnten Abfallverbringungsverordnung, als Schrott vornehmen (vgl. KOM(2008)810). Somit soll der Export von Schrott unter dem Label der Wiederverwendbarkeit unterbunden werden und die Beweispflicht auf den Transport verlagert werden. Weiterhin schlägt die Europäische Kommission ein System für eine einheitliche Hersteller-Registrierung vor. Es soll demnach eine europäische Definition eines „Herstellers" von Elektro- und Elektronik-Produkten eingeführt und ein einheitliches System zur Registrierung von Produkten geschaffen werden. Der Verwaltungsaufwand in der EU soll hiermit verringert werden (vgl. KOM(2008)810).

Die Position des Europäischen Parlaments

Im September 2010 wurde im Ausschuss für Umweltfragen, Volksgesundheit und Lebensmittelsicherheit im Europäischen Parlament ein Bericht vorgelegt (Bericht über den Vorschlag für eine Richtlinie des Europäischen Parlaments und des Rates über Elektro- und Elektronik-Altgeräte – nachfolgend nach dem Berichterstatter im Ausschuss Karl-Heinz Florenz „Florenz-Bericht" genannt)., der im Februar 2011 in erster Lesung im Plenum des Parlaments angenommen wurde (http://www.europarl.europa.eu/sides/getDoc.do?pubRef=-//EP//TEXT+REPORT+A7-2010-0196+0+DOC+XML+V0//DE).

Hinsichtlich der Reichweite der neuen WEEE-Richtlinie stimmten die Abgeordneten dafür, den Anwendungsbereich grundsätzlich auf alle Elektro- und Elektronik-Geräte auszuweiten. Ausnahmen sollten anschließend definiert werden und beispielsweise für Großanlagen, große ortsfeste industrielle Werkzeuge, mobile Maschinen und Geräte, die ausschließlich von professionellen Anwendern verwendet werden, sowie für Militärgeräte und Fahrzeuge gelten. Dahinter steht die Überlegung, dass solche Anlagen einen kontrollierten Abfallstrom darstellen, da sie gewöhnlich von Fachpersonal montiert und demontiert werden (Florenz-Bericht). Weiterhin befürworten die Parlamentarier, eine Sammelquote von 85% bis zum Jahr 2016 zu beschließen, wobei für deren Erreichung die Mitgliedstaaten und nicht die Hersteller verantwortlich sein sollten.

Im Gegensatz zum Vorschlag der Kommission, die die Hersteller als Träger der Kosten vorsieht, plädiert das Europäische Parlament für ein System, in dem die Kosten für Elektroschrott aus Haushalten zwischen Verbrauchern, Herstellern und Händlern aufgeteilt werden (Florenz-Bericht). In Bezug auf das Recycling unterstützt das Europäische Parlament eine Zielvorgabe von 50% bis 75% für die stoffliche Verwertung (abhängig von der Art des Elektro- und Elektronikschrotts) und strebt hinsichtlich der Wiederverwendung ein Ziel von 5% an. Die Abgeordneten unterbreiteten ebenfalls einen Vorschlag, der sicherstellen soll, dass die Verbraucher kleine elektronische Altgeräte in Läden zurückgeben können (vertiefend Florenz-Bericht). In Bezug auf die Problematik der illegalen Exporte unterstützt das Europäische Parlament die Vorschläge der Kommission, strengere Standards für die Überprüfung von Verbringung von elektronischen Abfällen einzuführen und die Verantwortung auf die Ebene der Exporteure zu übertragen. Auch unterstütz das Parlament den Vorschlag für die Einführung einer gesamteuropäischen Registrierung für Hersteller von und für Elektro- und Elektronik-Produkte (siehe oben; Florenz-Bericht).

Die Position des Rates der Europäischen Union

Der Rat der Umweltminister der Europäischen Union befasste sich im März 2011 in erster Lesung mit der Änderung der WEEE-Richtlinie und in diesem Zusammenhang mit den im Februar im Parlament verabschiedeten Änderungsvorstellungen. Bei diesem Treffen wurde unter anderem beschlossen, dass der Rat die Einführung eines offenen Anwendungsbereichs der WEEE-Richtlinie für alle Arten von Elektro- und Elektronikaltgeräten, ausgenommen denjenigen, die explizit ausgeschlossen sind (siehe Parlamentsposition), unterstützt. Allerdings sollte die Ausdehnung nach Ansicht des Rates erst 2018 in Kraft treten (Rat 7851/11).

Im Gegensatz zu Kommission und Parlament steht der Rat einer bindenden Ausdehnung der Herstellerverantwortung kritisch gegenüber. Nach Ansicht des Rates sollen Mitgliedstaaten eigenständig entscheiden, ob Hersteller in ihren Staaten für die Sammlungskosten für Elektro- und Elektronik-Altgeräte aufkommen sollen (http://www.weee-forum.org/news/ends-europe-daily-hungary-proposes-closed-scope-for-weee-law).

Die ungarische Ratspräsidentschaft legte bezüglich der Ausgestaltung der zukünftigen Sammelquoten einen Kompromissvorschlag vor, der die Übergangszeit für einige Mitgliedstaaten verlängern soll, um das 65-Prozent-Ziel des Vorschlags der Kommission zu erreichen. Demnach würde die Sammlungsquote bis 2016 zunächst 45% betragen und die 65%-Quote im Jahr 2020 verbindlich werden. Zusätzlich gäbe es für einige Mitgliedstaaten, darunter Tschechien, Ungarn, Malta, Polen, Slowakei, Lettland und Litauen Verlängerungen bei der Umsetzungsfrist des Sammlungsziels um weitere zwei Jahre aufgrund besonderer Gegebenheiten in diesen Ländern (http://www.umweltruf.de/news/111/news3.php3?nummer=1561).

Bezüglich der Verschärfung der Kontrollen bei Exporten von Elektroschrott und der Verantwortung der Exporteure für die korrekte Deklaration der Exportware schloss sich der Rat weitgehend der Position der Kommission und des Parlaments an (Rat 7851/11). Weiterhin positionierte sich der Rat der EU-Umweltminister dahingehend, dass auf EU-Ebene keine einheitliche Definition des Herstellerbegriffs geschaffen werden soll. Nach Meinung des Rates soll das derzeitige System fortgesetzt werden, gemäß dessen die Mitgliedstaaten für die Herstellerdefinition verantwortlich sind und nationale Registrierungssysteme bestehen bleiben (http://www.bmu.de/europa_und_umwelt/deutsche_eu-ratspraesidentschaft/doc/47243.php).

Weiteres Verfahren

Wie in den Analysen der Positionen der drei Institutionen der EU deutlich wurde, gibt es teilweise erhebliche Differenzen bei den Vorstellungen über die Neuausrichtung der WEEE-Richtlinie. Dies gilt vor allem in den Bereichen des zukünftigen Anwendungsbereichs, der Kosten der Sammlung, der Quoten als Zielvorgaben für die Sammlung sowie der Definition des Herstellerbegriffs und der Registrierung in Verbindung mit einer verschärften Kontrolle von Exporten von Elektroschrott sowie funktionsfähigen Elektro- und Elektronik-Geräten.

Zwischen dem Europäischen Parlament und dem Rat, die sich für die Schaffung einer neuen Richtlinie einigen müssen, bestehen besonders große Differenzen bei den Themen Sammelquoten und Sammlungsfinanzierung sowie der EU-weiten Herstellerregistrierung. Die hier teils sehr konträren Vorstellungen werden das kommende legislative Verfahren prägen. Dadurch, dass sich Rat und Parlament in erster Lesung nicht auf eine Neufassung der WEEE-Richtlinie einigen konnten, wird eine zweite Lesung notwendig. Die Position des Rates aus erster Lesung wird demnach dem Parlament zugeleitet. Das Parlament kann den Vorschlag des Rates annehmen (Rechtsakt erlassen) oder ablehnen (Gesetzgebung gescheitert). Weiterhin kann es erneute Änderungen am Vorschlag beschließen und diese dem Rat zur zweiten Lesung übermitteln. Der Rat seinerseits kann die zweite Fassung des Parlaments dann annehmen und den Gesetzgebungsprozess erfolgreich abschließen oder den Vorschlag ablehnen oder keinen Beschluss (innerhalb von drei Monaten) fassen. In letztgenanntem Fall wird ein aus beiden Institutionen paritätisch zusammengesetzter Vermittlungsausschuss mit der Aufgabe betraut, einen Entwurf für eine dritte Lesung in beiden Institutionen auszuarbeiten (http://ec.europa.eu/codecision/index_de.htm).

6.6 Der Rahmen für das Recycling von Zukunftstechnologien

Wie in Kapitel 5 deutlich wurde, werden die bis hierhin betrachteten und weitere kritische Metalle und Mineralien zumeist in Elektro- und Elektronik-Geräten verwendet. Deshalb ist es im Sinne des Recyclings und der Kreislaufwirtschaft erforderlich, dass gerade die Technologien einem Verwertungsverfahren zugeführt werden, die versorgungskritische Rohstoffe enthalten. Beispielhaft wird an dieser Stelle überprüft, ob und wie die in Kapitel 5 analysierten Zukunftstechnologien vom EU-Rechtsrahmen in Bezug auf Vorgaben und Regelungen beim Recycling erfasst werden.

Bezüglich der Behandlung von zu Abfall gewordenen Photovoltaik-Modulen und einem damit verbundenen Recycling-Verfahren wird derzeit eine Diskussion im Zusammenhang mit der Überarbeitung der WEEE-Richtlinie geführt. Sowohl die Europäische Kommission als auch das Parlament haben in ihren ersten Entwürfen zur Neufassung der Richtlinie erwähnt, dass Photovoltaik-Elemente als fest montierte Gegenstände, die in der Regel von Fachpersonal installiert und demontiert werden, nicht unter eine neue WEEE-Richtlinie fallen sollen (vgl. KOM(2008)810; vgl. Florenz-Bericht). Der Rat hingegen hat im März 2011 eine Gegenposition eingenommen. Er plädiert für die Aufnahme von Photovoltaik-Technik in die WEEE-Richtlinie und eine dadurch geregelte getrennte Sammlung von Altmodulen (Rat 7851/11).

Bis dato ist in dieser Frage keine Einigung erzielt worden. Es hat jedoch den Anschein, dass der Geltungsbereich auf Photovoltaik-Module ausgeweitet werden könnte, da die Kommission diese Fragestellung mit einer Studie und einer im Sommer 2011 durchgeführten Konsultation begleitet und die Position des Rates mittlerweile unterstützt (vgl. Mitteilung der Kommission zum aktuellen Standpunkt des Rates an das Europäische Parlament KOM/2011/0748).

Wie bereits dargestellt, werden Photovoltaik-Module nicht von der überarbeiteten RoHS-Richtlinie erfasst. Neue Techniken für das Recycling besonders von der in Kapitel 5 behandelten Dünnschicht-Photovoltaik werden derzeit entwickelt. So bestehen bereits erste Anlagen, die z.B. Indium und Gallium aus den Modulen zurückgewinnen können (http://www.recycling-technol ogy.de/News-Nachrichten/Verwertung-Beseitigung-Entsorgung-Recycling-Aufbereitung/2785/Recycling-gegen-Versorgungsengpaesse).

Den rechtlichen Rahmen auf europäischer Ebene für die in Kapitel 5 behandelten Lithium-Ionen-Speicher bildet die Richtlinie 2006/66/EG (im Folgenden auch Batterie-Richtlinie genannt) des Europäischen Parlaments und des Rates über Batterien und Akkumulatoren sowie Altbatterien und Altakkumulatoren. Diese Richtlinie wird nicht vertiefend behandelt. Es wird lediglich dargestellt, welche Bedingungen derzeit für die Sammlung und ein mögliches Recycling für die Lithium-Ionen-Speicher bestehen, da diese eine entscheidende Rolle bei den Wachstumspotenzialen der Elektromobilität einnehmen können. Die Richtlinie definiert eine starke Verantwortung der Hersteller von Batterien bzw. Akkumulatoren. Demnach sind die Hersteller für die Finanzierung der Sammlung, die Behandlung und die Wiederverwertung von Altbatterien verantwortlich. Hersteller gemäß der Richtlinie sind Personen oder Firmen, die als erste einzelne Batterien oder Batterien in Geräten auf den Markt eines Mitgliedstaates bringen (vgl. 2006/66/EG).

Im Weiteren differenziert die Richtlinie drei Batterie-Kategorien: Gerätebatterien, Industriebatterien und Automobilbatterien. Für Gerätebatterien wird eine Sammelquote von 25% bis 2012 und von 45% bis 2016 festgelegt. Die anderen beiden Batterie-Arten unterliegen einem generellen Deponie- und Verbrennungsverbot und einer verpflichtenden Sammlungsrate von 100%. Batterien von Elektroautos fallen dabei in die Kategorie Industriebatterien (vgl. ebd.). Es ist also festzuhalten, dass für Lithium-Ionen-Speicher bereits ein rechtlicher Rahmen in Form der Batterierichtlinie besteht. Die Sammlung und das Wiederverwerten der Elektrizitätsspeicher werden im Falle einer Massenproduktion von Elektroautos die Hersteller der Fahrzeuge zur Schaffung entsprechender Infrastrukturen für Batterien und deren Rücknahme verpflichten. Derzeit werden deshalb viele Projekte zum Recycling und zur Wiederverwendung von Elektrizitätsspeichern aus Elektro-Fahrzeugen durchgeführt (vgl. vertiefend ein Forschungskonsortium aus Unternehmen und Universitäten (http://www.ithorec.de)).

In Bezug auf die zwei weiteren Technologien, nämlich den thermoelektrischen Generatoren sowie der Permanentmagnete, konnte kein spezieller gesetzlicher Rahmen für die Behandlung von Abfällen mit diesen Komponenten und deren Recycling ausgemacht werden. In Bezug auf die thermoelektrischen Generatoren lässt sich feststellen, dass diese, wie in Kapitel 5 dargestellt, als Ergänzungen zu bestehenden Anlagen eingesetzt werden können. Somit wird sich die Gesetzgebung zur Entsorgung und zum Recycling dieser Produkte oftmals nach den Verwendungsformen in anderen Anlagen richten. Da sich die Technik der thermoelektrischen Generatoren jedoch noch in der fortgeschrittenen Erprobungsphase befindet, können hier noch keine konkreten Aussagen gemacht werden (vgl. Kapitel 5). In Bezug auf das Recycling von Seltenen Erden und speziell von Neodym aus Permanentmagneten ist die rechtliche Einordnung je nach Produkt vorzunehmen, in welchem die Magnettechnik eingesetzt wird. Die geschätzten Recycling-Raten von Neodym liegen derzeit noch bei unter 1%. Jedoch werden auch hier aufgrund der dargestellten Versorgungsunsicherheit innovative Recycling-Verfahren entwickelt (vgl. Schüler et al. 2010).

Betrachtet man die derzeitigen Recycling-Raten der fünf in Kapitel 5 herausgearbeiteten Rohstoffe, so fällt auf, dass diese meist sehr niedrig liegen. Die Europäische Union schätzt für Kobalt eine derzeitige globale Recycling-Rate von 32%, für Gallium kein nennenswertes Recycling, für Germanium circa 30% und für Indium und die Seltenen Erden eine Rate von ungefähr 1%. Die Recycling-Potenziale der fünf Metalle sind je nach Verwendung sehr unterschiedlich. Oftmals sind Recycling-Verfahren extrem komplex und noch nicht effizient. Da es sich jedoch in den vorgestellten Technologien um Produkte handelt, die ein sehr hohes Wachstumspotenzial besitzen, wird auch in Zukunft der Umgang mit Abfällen aus diesen Produkten eine wichtige Frage werden (vgl. MOME/10/263). Ein Beispiel für ein Konzept für den Aufbau einer europäischen Recycling-Infrastruktur für Seltene Erden findet sich z.B. bei Schüler et al. 2010.

6.7 Handlungsansätze

Aus den in diesem Kapitel gewonnen Erkenntnissen werden abschließend sechs Handlungsansätze abgeleitet, die nach Meinung des Autors dazu beitragen können, dass das Ziel der Einführung einer Kreislaufwirtschaft in Europa und die Weiterentwicklung zu einer europäischen Recycling-Gesellschaft erreicht werden können (Ziele der Strategie Europa 2020 und der Rohstoffinitiative).

Handlungsansatz 1: Das Ende der Deponierung aller verwertbaren Abfälle

Um das Ziel einer dauerhaften Ressourcenschonung zu erreichen und Abfall über die Schaffung einer tatsächlichen Kreislaufführung als Rohstoffbasis nutzen zu können, ist ein generelles Deponieverbot aller verwertbarer Abfälle in der gesamten Europäischen Union erforderlich. Aktuell ist die Deponierung jedoch als Abfallbehandlungsmethode in der EU noch weit verbreitet (ca. 40% des Abfallaufkommens – vgl. Abschnitt 6.1). Diese Erkenntnis ist bereits im Fahrplan für ein ressourcenschonendes Europa und dem Initiativbericht von Reinhard Bütikofer zur Rohstoffinitiative enthalten (vgl. Abschnitt 4.2 und 5.5). Die Option, Abfälle zu deponieren und damit aus dem Stoffkreislauf auszuschleusen, muss als schlechteste ökologische und ökonomische Behandlung langfristig ausgeschlossen werden und noch vor dem Ansatz zur Öffnung bereits geschlossener, alter Deponien stehen (vgl. Bütikofer-Bericht in Kapitel 5). Gründe hierfür sind vor allem die Gefahren für die Umwelt durch ausströmende Gase und Belastungen für Grundwasser und Boden. Ein solcher Schritt sollte demnach noch vor oder zumindest parallel zur Realisierung von Plänen zur erneuten Öffnung bestehender Deponien zur Rohstoffgewinnung stehen (vgl. Bütikofer-Bericht und Abschnitt 5.5), um dem gesamten Problem der Deponierung entgegenzutreten.

Ein Deponieverbot trägt auch der in der Abfallrahmenrichtlinie integrierten Abfallhierarchie Rechnung, die die Deponierung (bzw. Beseitigung) als die am wenigsten wünschenswerte Methode zur Abfallbehandlung ansieht. Ebenso wäre sie eine Maßnahme zur Erreichung der Ziele der Strategie Europa 2020 (z.B. im Bereich Klimaschutz). Aber auch bei der Verbrennung als Beseitigung sollte sehr genau darauf geachtet werden, ob diese Methode jeweils mit dem Ansatz des Lebenszyklus-Denkens vereinbar ist und ob der endgültige Entzug der zu verbrennenden Materialien ein ökologisch und ökonomisch adäquates Mittel ist. Weiterhin sollten hier gesamteuropäisch geltende, strenge Regelungen für den Ausstoß von Treibhausgasen aus Abfallverbrennungsanlagen gelten. Demnach sollte vor allem die fünfte Stufe der Abfallhierarchie möglichst nie erreicht werden bzw. langfristig als Maßnahme entfallen. Ein erstes Konzept zur Einführung eines gesamteuropäischen Deponieverbots könnte z.B. folgendermaßen gestuft eingeführt werden:

- Ab 2015 Verbot der Deponierung nicht vorbehandelter Abfälle mit biologisch abbaubaren Anteilen;

- Ab 2018 Verbot der Deponierung von Papier, Pappe, Karton, Glas, Textilien, Holz, Kunststoffen, Metallen, Gummi, Kork, Keramik, Beton, Ziegeln und Fliesen;
- Ab 2020 Verbot der Deponierung sämtlicher noch verwertbarer Abfälle;
- Ab 2025 Verbot der Deponierung sämtlicher Restabfälle, außer wenn diese unvermeidlich oder gefährlich sind (vgl. BDE Europaspiegel 04/2011).

Handlungsansatz 2: Stärkung des Handels mit Sekundärrohstoffen

Wie während der vorliegenden Untersuchung deutlich wurde, stellen der legale und vor allem der illegale Handel mit Alt-Geräten, Abfällen und Rohstoffen eine große Herausforderung im EU-Binnenmarkt dar. Um besonders dem illegalen Export von Elektro- und Elektronik-Altgeräten entgegen zu wirken, sollten die Mitgliedstaaten der EU ihre Ausfuhrkontrolleinrichtungen deshalb stärken. Somit könnte deutlich effektiver beurteilt werden, ob Altgeräte bei ihrer Ausfuhr bereits als Abfall oder als noch funktionsfähige Produkte z.B. zur Entwicklungshilfe eingestuft werden müssen. Gleichzeitig sollte die Kommission die Verordnung über die Verbringung von Abfällen überprüfen um mögliche ‚Lücken' innerhalb der Vorschriften zu schließen. Hierbei müssen vor allem die Zollkontrollen an den Außengrenzen der Union betrachtet werden. Ebenso sollte die Kommission der EU darauf hinwirken, dass die globalen Handelspartner (z.B. Staaten, mit denen die Union Handelsabkommen unterhält) einen rechtlichen Rahmen gegen illegale Abfalleinfuhren schaffen und diesen auch durchsetzen. Weiterhin sollte sowohl innerhalb des EU-Binnenmarkts als auch im Außenhandel der Handel mit recycelten Rohstoffen aus der EU gefördert werden. Hierfür können verschiedene Anreiz-Systeme für die Verwendung recycelter Rohstoffe geprüft und eingeführt werden, um so speziell die bisher noch sehr niedrigen Recycling-Quoten bei versorgungskritischen Rohstoffen zu erhöhen (z.B. verpflichtende Quoten zur Verwendung von Sekundärrohstoffen oder Zertifikatssysteme) (vgl. Stellungnahme zum Initiativbericht „Eine erfolgreiche Rohstoffstrategie für Europa" durch den Ausschuss für internationalen Handel im Europäischen Parlament – 2011/2056/INI).

Handlungsansatz 3: Kriterien zum Ende der Abfalleigenschaft

Falls bei den Kriterien zum Ende der Abfalleigenschaft eine Regelung gefunden wird, die eine Registrierung von recycelten Stoffen bzw. von Schrotten unter der REACH-Verordnung nicht erforderlich macht, ist dieser Ansatz eine begrüßenswerte Maßnahme zur Schaffung eines gemeinsamen Marktes für Sekundär-Rohstoffe in der EU. Sollten sich die entwickelten Kriterien empirisch bewähren und die Recyclingtätigkeiten in der EU sowie auch den Handel mit recycelten Stoffen erhöhen, sollte geprüft werden, ob solche Kriterien auch für kritische Rohstoffe sinnvoll wären, um auch für diese Materialien einen transparenten Markt für recycelte Stoffe zu schaffen.

Handlungsansatz 4: Der Umgang mit Elektro- und Elektronik-Abfällen

Es bleibt abzuwarten, wie die überarbeitete WEEE-Richtlinie ausgestaltet sein wird. Es ist jedoch anzumerken, dass nur mit der Festschreibung von ambitionierten Zielen bei der Sammlung, dem Recycling, der Kontrolle der Exportströme und bei einem einheitlichen Registrierung- und Zertifizierungssystem für Produkte die Rohstoffe aus den Geräten in der EU gehalten werden. Weiterhin ist eine effiziente Sammlung von Elektro- und Elektronik-Abfällen allein aus Gründen des Umweltschutzes absolut unabdingbar. Es wäre äußerst kontraproduktiv, einerseits die Rohstoffknappheit bei einigen Metallen und Mineralien zu beklagen und die Gründe hierfür im Handelssystem zu suchen und andererseits die bereits in der EU befindlichen Rohstoffe in Form von Elektro- und Elektronik-Geräten nicht konsequent zu sammeln und der Wiederverwendung wie auch der stofflichen Verwertung zuzuführen. Die Ziele des Europäischen Parlaments aus der ersten Lesung wurden diesem Anspruch am ehesten gerecht. Somit sollte das Parlament weiterhin an den ambitionierten Zielen festhalten und diese gegenüber dem Rat vertreten.

Handlungsansatz 5: Das Lebenszyklus-Denken bei versorgungskritischen Metallen

Auf Basis des neu in die Abfallrahmenrichtlinie integrierten Ansatzes des *Life Cycle Thinking* und der Assessments sollten besonders für Rohstoffe Daten erhoben werden, welche für die EU versorgungskritisch sind. Somit könnten spezielle Politiken für Produkte (z.B. Zukunftstechnologien) entwickelt werden, die die genutzten Rohstoffe bestmöglich im Stoffkreislauf halten und ihre

Verwendung sowohl bei der Herstellung eines Produkts als auch bei seinem Recycling effizient regeln. Somit könnten Anreize oder Verpflichtungen zum Recycling von kritischen Metallen und Mineralien entwickelt werden, die z.B. in bestehende Richtlinien (WEEE, Batterien, Altfahrzeuge) integriert werden. Dadurch wiederum wäre es erreichbar, dass diese Rohstoffe die Stufen vier und fünf der Abfallhierarchie nicht erreichen und ‚verloren gehen'. Dabei ist jedoch besonders die Problematik der Sammlung von Elektro- und Elektronik-Altgeräten zu beachten. Denn nur, wenn diese separat gesammelt werden und nicht z.B. in gemischten Siedlungsabfällen ‚verschwinden' und beseitigt werden, wird ein Zugriff durch Recycling-Anlagen möglich sein.

Handlungsansatz 6: Die Durchsetzung des Gemeinschaftsrechts

Wie in Kapitel 6 an den Beispielen der Umsetzung der Abfallrahmenrichtlinie, der Deponierichtlinie und der WEEE-Richtlinie deutlich wurde, gibt es bei der Implementierung der europäischen Vorgaben in nationales Recht oft große Schwierigkeiten und Verzögerungen. Diese Tatsache trifft auf eine Vielzahl von Politiken im Bereich der Abfallwirtschaft auf EU-Ebene zu. Die Europäische Kommission veröffentlichte erstmals 2009 den Vorschlag zur Schaffung einer europäischen Abfallagentur, welche die Anwendung und Durchsetzung des Abfallrechts überwachen soll. Hintergrund des Vorschlags sind die zahlreichen illegalen Entsorgungen und Ausfuhren von Abfällen in den Mitgliedstaaten. Fast jeder fünfte untersuchte Mülltransport lief demnach nicht korrekt ab. Die Agentur soll nach den Vorstellungen der Kommission bei gravierenden Verstößen gegen EU-Recht direkte Kontrollen und Inspektionen von Einrichtungen und Anlagen vornehmen können. Aufgabe der Agentur wäre es ebenso, Daten zum Abfallmanagement in Europa zu erfassen, einen besseren Informationsaustausch sowie eine mögliche Koordinierung unter den Mitgliedstaaten zu schaffen. Die Agentur könnte zudem die Kommission durch die Bewertung der Abfallverwaltungspraxis der Mitgliedstaaten und die Ausarbeitung von Gesetzesvorschlägen unterstützen (vgl. vertiefend Zamparutti et al. 2009). Eine solche Abfallagentur könnte dann mit einer in der Rohstoffinitiative mehrfach geforderten Rohstoffagentur verbunden werden. Somit könnten kritische Rohstoffe in Abfallströmen identifiziert werden und gezielte Maßnahmen seitens der EU zur Gewährleistung der Versorgung mit Rohstoffen aus dem Recycling entwickelt werden (vgl. KOM(2008)699; KOM(2011) 25, Bütikofer-Bericht).

7 Zusammenfassung und Ausblick

Anknüpfend an die Einleitung und an Kapitel 4 dieses Buches, wo die Strategie Europa 2020 als Gradmesser für die aktuelle Positionierung der Politiken der Europäischen Union bezeichnet wurde, soll dieser Gradmesser abschließend im Lichte des vorgestellten Analyse-Instruments, dem *Policy Cycle*, betrachtet werden, um den derzeitigen Umsetzungsstand der Strategie nachzuvollziehen. Denn so können auch die Ergebnisse der in den vorigen Kapiteln durchgeführten Analysen in einem übergeordneten Kontext betrachtet werden.

Die Gesamtstrategie Europa 2020 ist derzeit noch im Stadium der Implementierungsphase zu verorten (vgl. Abschnitt 2.3 und 2.4). Für die Leitinitiativen sowie die zugehörigen speziellen Politiken (wie der Rohstoffinitiative) lassen sich jeweils eigene, ‚kleinere' *Policy Cycles* identifizieren, die nach dem Idealtypus des Cycles zuerst diskutiert und verhandelt (Problemwahrnehmung, Agendasetting), ausgearbeitet (Politikformulierung), umgesetzt (Implementierung) und schließlich evaluiert werden. Der *Policy-Outcome* aller ‚kleineren' Cycles lässt die Gesamtstrategie Europa 2020 schließlich zu einem Erfolg oder Misserfolg werden. Man könnte so für jede Ebene der 2020-Strategie, von der Gesamtstrategie über die Leitinitiativen bis hin zu den Fahrplänen und den Einzelmaßnahmen, das Konzept des *Policy Cycle* anwenden. Eine dabei auftretende Problematik wäre zweifellos, dass die Leitinitiativen und ihre Unterpolitiken in einem hohen Maße interdependent sind. Somit ist bei Politiken innerhalb der Strategie Europa 2020 stets ihre Mehrdimensionalität in einem komplexen Beziehungs- und Handlungsebenengeflecht zu berücksichtigen.

In diesem Buch wurde versucht, diesem Umstand im Falle der EU-Rohstoffinitiative gerecht zu werden. Die Implementierung der Gesamtstrategie ist ein Langzeitprojekt (mindestens bis ins Jahr 2020) und ihre Evaluation erst anschließend möglich. Bis dahin kann es sein, dass der *Policy Cycle* während der Umsetzung der Strategie erneut ‚kurzgeschlossen' wird, falls Korrekturen oder Veränderungen an der Programmierung der Strategie erforderlich werden (wie z.B. bei der Umsetzung der Lissabon-Strategie). Die Entwicklung wird sich in den kommenden Jahren mit empirischen Daten unterlegen lassen. Somit wird eine auf Daten basierende Verknüpfung der Rohstoffversorgung mit den Zielen aus Europa 2020, z.B. bei der Entwicklung von Technologien bei erneuerbaren Energien oder der Elektromobilität innerhalb der EU, in der Zukunft möglich sein.

Im Rückblick auf die Analyse innerhalb dieses Buches bleibt festzuhalten, dass die inhaltliche Vielfältigkeit der Rohstoffpolitik eine strukturelle Herausforderung darstellt. Eine Querschnittspolitik dieser Art erfordert eine hohe Anpassungsfähigkeit von analytischen Ansätzen, die ursprünglich für nationale Kontexte mit homogenen Policies konzipiert wurden. Unter Bezugnahme auf die in Kapitel 1 formulierten drei Kernfragen lassen sich inhaltlich folgende Schlüsse aus den vorangegangen Analysen ziehen:

Kernfrage 1 stellte die Frage nach dem Zusammenhang zwischen der Versorgungssituation bei Metallen und Mineralien und der Strategie Europa 2020. Dieser Zusammenhang wurde beispielhaft über die Technologien hergestellt, die für die Erreichung der Ziele der Strategie Europa 2020 beispielhaft benötigt werden könnten. Hierbei kann nur die Gesamtheit der Ziele den Bedarf an Rohstoffen erklären. Denn Technologien für erneuerbare Energien oder Elektromobilität ließen sich ebenso wie Rohstoffe auch importieren. Jedoch will die Strategie Europa 2020 auch Ziele in den Bereichen Wirtschaftswachstum und Beschäftigungsquote erreichen. Dafür ist eine Produktion von Zukunftstechnologien in Europa wichtig. Somit ist Europa von der Verfügbarkeit der Rohstoffe abhängig, will es seine Ziele aus der 2020-Strategie nicht verfehlen. Es bleibt jedoch abzuwarten, wie sich dieses Spannungsverhältnis zwischen Technologie und Rohstoffbedarf entwickelt, denn gerade in den diskutierten Bereichen findet eine rasante technologische Entwicklung statt, die Europa mitgestalten will – dabei aber in einer globalen Konkurrenz steht.

Kernfrage 2, nämlich die nach den Maßnahmen der EU zur Sicherung der Rohstoffversorgung, wurde ausführlich in Kapitel 5 diskutiert. Als Schlussfolgerung zu diesen Analysen wird festgehalten, dass nur ein effektives und flächendeckendes Recycling von kritischen Rohstoffen eine sichere Versorgung in Europa gewährleisten kann (vgl. Handlungsansätze in Abschnitt 6.7). Nach derzeitigem Kenntnisstand verfügt die EU selbst nicht über die nötigen Primärrohstoffquellen. Die dargestellten Risiken beim Import von Rohstoffen sollten Anlass dazu geben, dem Recycling höchste Priorität einzuräumen. Diese Position scheint derzeit auch das Europäische Parlament einzunehmen.

Kernfrage 3 widmete sich den Potenzialen des Recyclings. Sie wurde in Kapitel 6 behandelt. Hier ist festzustellen, dass die derzeitigen Politiken der EU im Bereich des Recyclings unzureichend sind, um Rohstoffe in großen Mengen zurück zu gewinnen und dem Wirtschaftskreislauf zur Verfügung zu stellen. Die sechs Handlungsansätze aus Kapitel 6 zeigen hier mögliche Optionen auf dem Weg zu einer Recycling-Gesellschaft in Europa auf. Allerdings muss erwähnt werden, dass die bereits drei Jahre andauernden Verhandlungen zur Revision der WEEE-Richtlinie und die dazu dargestellten Positionen derzeit nicht den Eindruck vermitteln, dass die Institutionen der EU, und hier vor allem der Rat, gewillt sind, ein deutliches Zeichen für die Einführung einer Kreislaufwirtschaft gerade bei Metallen und Mineralien aus Elektro- und Elektronik-Geräten zu setzen. Dieses ist umso verwunderlicher, da die EU sich sowohl im Primärrecht als auch in der Strategie Europa 2020 ausdrücklich zum Prinzip einer nachhaltigen Entwicklung bekannt hat. Folgt man hier den Ausführungen im Abschnitt 3.3, so kann ausschließlich eine Rohstoffgewinnung durch Wiederverwendung bzw. Recycling dem Prinzip der Nachhaltigkeit ansatzweise gerecht werden. Denn nur wenn Rohstoffe recycelt werden, kann zumindest der anthropogene Kapitalstock an Ressourcen (in Form von Sekundärrohstoffen) im Sinne einer schwachen Nachhaltigkeit im Idealfall konstant gehalten werden. Jedoch muss dabei berücksichtigt werden, dass bei Recycling-Prozessen nie eine hundertprozentige Verwertungsquote und ein permanentes Rückgewinnen ohne Qualitätsverluste erreicht werden können. Eine nachhaltige Entwicklung sollte daher im Zusammenhang mit dem Ziel einer Kreislaufwirtschaft als Idealzustand gelten, dem es gilt nahezukommen.

* * *

Es scheint für die nächsten Jahre wahrscheinlich, dass die EU nach wie vor die Hauptbezugsquelle für Rohstoffe (Metalle und Mineralien) im Import aus Drittstaaten sieht. Dies wird im Fall der untersuchten fünf Metalle auch unabdingbar sein, da der Aufbau von adäquaten Recycling-Kapazitäten selbst bei großen Anstrengungen einige Jahre beanspruchen würde. Prognosen zur Wirkung der Rohstoffinitiative sind aufgrund der unzähligen Faktoren, die ihre Entwicklung beeinflussen (Weltwirtschaft, technologischer Wandel, Rohstoffquellen, Rohstoffpreise, Handelsbeschränkungen, Klimapolitik/Ziele, Entwicklung der Elektromobilität, Entwicklung von Recycling-Technologien etc.), kaum möglich. Es bleibt aber allgemein festzuhalten, dass die EU angesichts der immensen globalen Veränderungen und Herausforderungen auf der einen Seite keine nachhaltige Entwicklung inklusive Ressourcenschonung sowie Umwelt- und Klimaschutz proklamieren kann, um auf der anderen Seite eine Politik zu betreiben, die diese Ziele nicht konsequent reflektiert und die Potenziale von Abfällen als Rohstoffbasis ungenutzt lässt. Um dem Ziel einer Kreislaufwirtschaft näher zu kommen, wäre es im Anschluss an diese Untersuchung vor allem interessant, die Möglichkeiten des Produktdesigns zu analysieren, um Produkte bereits bei ihrer Herstellung so zu konstruieren, dass sie am Ende ihres Lebenszyklus möglichst schadstoffarm und kostengünstig demontiert und die verwendeten Materialien in den Stoffkreislauf zurückgeführt und dort gehalten werden können. So könnten sowohl die umwelt- als auch die rohstoffpolitischen Dimensionen der Abfallpolitik berücksichtigt werden.

Allgemein wird sich erst in einigen Jahren evaluieren lassen, welche Wirkungen Maßnahmen wie die Abfallrahmenrichtlinie oder eine neue WEEE-Richtlinie und das übrige Abfallrecht haben werden. Im Rückblick auf die im Vorwort aufgeworfene Frage nach einem Paradigmenwechsel in der Abfallpolitik auf europäischer Ebene kann festgehalten werden, dass eine Tendenz in den Politiken der EU erkennbar ist, Abfälle in Zukunft verstärkt als Rohstoffbasis zu nutzen. Deutlich wird diese Tendenz vor allem im Fahrplan für ein ressourcenschonendes Europa. Jedoch handelt es sich bei diesem Dokument noch nicht um konkrete Rechtssetzungen. Die Abfallrahmenrichtlinie enthält erste Ansätze für eine verstärkte Rückgewinnung von Sekundärrohstoffen aus Abfällen. Gleiches gilt für die Überlegungen zur Überarbeitung der WEEE-Richtlinie. Auch finden sich im speziellen Bereich der kritischen Metalle und Mineralien erste Ansätze zu einem Umdenken hin zur Stärkung der Versorgung durch Recycling-Aktivitäten. Insgesamt müssen aber erst die Umsetzungen der angekündigten Strategien und Initiativen zeigen, ob es sich hierbei um einen wirklichen Paradigmenwechsel handelt.

Die im Titel dieses Buches gestellte Frage bezüglich der Entstehung einer europäischen Recycling-Gesellschaft lässt sich in der Retrospektive der vorliegenden Untersuchung und unter der Prämisse einer optimistischen Grundhaltung gegenüber der zukünftigen Entwicklung Europas wie folgt umformulieren:

„Europas erste Schritte auf dem Weg zu einer Recycling-Gesellschaft“

8 Bibliographie

Afrikanische Union / Europäische Union (2010): Joint Africa EU strategy, actionplan 2011-13, http://www.africa-eu-partnership.org/documents.

Angerer, G./ Erdmann, L./ Marscheider-Weidemann, F./ Scharp, M./ Lüllmann, A./ Handke, V./ Marwede, M. (2009): Rohstoffe für Zukunftstechnologien – Einfluss des branchenspezifischen Rohstoffbedarfs in rohstoffintensiven Zukunftstechnologien auf die zukünftige Rohstoffnachfrage. Karlsruhe/ Berlin: Fraunhofer Institut für System- und Innovationsforschung ISI und Institut für Zukunftsstudien und Technologiebewertung IZT.

BDE – Bundesverband der deutschen Entsorgungs-, Wasser- und Rohstoffwirtschaft e.V. (2011): Europaspiegel 12/2010. Brüssel.

BDE – Bundesverband der deutschen Entsorgungs-, Wasser- und Rohstoffwirtschaft e.V. (2011): Europaspiegel 04/2011. Brüssel.

BDE – Bundesverband der deutschen Entsorgungs-, Wasser- und Rohstoffwirtschaft e.V. (2011): Europaspiegel 07/2011. Brüssel.

Bierschenk, J. (2009): Optimized Thermoelectrics for Energy Harvesting Applications, In: Priya, S./ Inman, D.J. (Hg.), Energy Harvesting Technologies. Berlin [u.a.]: Springer, S. 337-354.

Bitschi, A./ Fröhlich, K. (2010): Thermoelektrische Systeme in der Stromerzeugung, Electrosuisse VSE, Bulletin 7/2010.

Blatter, J./ Janning, F./ Wagemann, C. (2006): Qualitative Politikanalyse. Eine Einführung in Methoden und Forschungsansätze. Fernuniversität zu Hagen – Studienbrief.

Blum, S./ Schubert, K. (2009): Politikfeldanalyse. Eine Einführung. Wiesbaden: VS Verlag.

Brand, K.-W. (2000): Kommunikation über nachhaltige Entwicklung, oder: Warum sich das Leitbild der Nachhaltigkeit so schlecht popularisieren lässt, sowi onlinejournal, 2000 (1), S. 1-18.

Brand, K.-W./ Jochum, G. (2000). Der deutsche Diskurs zu nachhaltiger Entwicklung: Abschlussbericht eines DFG-Projekts zum Thema "Sustainable Development / Nachhaltige Entwicklung - zur sozialen Konstruktion globaler Handlungskonzepte im Umweltdiskurs". München: MPS.

Bundesministerium für Umwelt, Naturschutz und Reaktorsicherheit (BMU) (1992): Agenda 21, Konferenz der Vereinten Nationen für Umwelt und Entwicklung im Juni 1992 in Rio de Janeiro, http://www.bmu.de/files/pdfs/ allgemein/application/pdf/ agenda21.pdf.

Cord-Landwehr, K./ Kranert, M. (2010): Einführung in die Abfallwirtschaft. Wiesbaden: Vieweg/ Teubner Verlag.

Bundesministerium für Umwelt, Naturschutz und Reaktorsicherheit (BMU), (1992): Agenda 21. Konferenz der Vereinten Nationen für Umwelt und Entwicklung Juni 1992 in Rio de Janeiro, http://www.bmu.de/files/pdfs/allgemein/application/pdf/agenda21.pdf.

Brand, K.-W. (2000): Kommunikation über nachhaltige Entwicklung, oder: Warum sich das Leitbild der Nachhaltigkeit so schlecht popularisieren lässt, sowi-onlinejournal, 2000 (1), 1-18.

Dehoust, G./ Schüler, D./ Vogt, R./ Giegrich, J. (2010): Klimaschutzpotenziale der Abfallwirtschaft Am Beispiel von Siedlungsabfällen und Altholz. Darmstadt: Öko-Institut / Institut für Energie- und Umweltforschung.

Enquête-Kommission "Schutz des Menschen und der Umwelt" des 13. deutschen Bundestages (1998): Abschlußbericht der Enquête-Kommission "Schutz des Menschen und der Umwelt – Ziele und Rahmenbedingungen einer nachhaltig zukunftsverträglichen Entwicklung" – Konzept Nachhaltigkeit, Vom Leitbild zur Umsetzung. Bonn.

Easton, D. (1965): A Framework for Political Analysis. New York: Englewood Cliffs.

European Federation of Waste Management and Environmental Services (FEAd) (2011): FEAD Workshop on the Implementation of the Landfill Directive – Press Release 18th of March 2011, www.fead.be.

Europäische Kommission (2005): Mitteilung der Kommission an den Rat, das Europäische Parlament, den Europäischen Wirtschafts- und Sozialausschuss und den Ausschuss der Regionen – Weiterentwicklung der nachhaltigen Ressourcennutzung: Eine thematische Strategie für Abfallvermeidung und -recycling, KOM(2005)666. Brüssel.

Europäische Kommission (2008): Mitteilung der Kommission an das Europäische Parlament, den Rat, den Europäischen Wirtschafts- und Sozialausschuss und den Ausschuss der Regionen - Die Rohstoffinitiative – Sicherung der Versorgung Europas mit den für Wachstum und Beschäftigung notwendigen Gütern, KOM(2008)699. Brüssel.

Europäische Kommission (2008): Vorschlag für eine Richtlinie des Europäischen Parlaments und des Rates über Elektro- und Elektronik-Altgeräte (Neufassung), KOM(2008)810. Brüssel.

Europäische Kommission (2009): Bericht der Kommission an den Rat, das Europäische Parlament, den Europäischen Wirtschafts- und Sozialausschuss und den Ausschuss der Regionen über die Umsetzung des Gemeinschaftsrechts im Bereich der Abfallwirtschaft, KOM(2009)633. Brüssel.

Europäische Kommission (2010): International Reference Life Cycle Data System (ILCD) Handbook – General Guide for Life Cycle Assessment – Detailed Guidance (First Edition). Luxembourg: Joint Research Centre/ Institute for Environment and Sustainability (EUR 24708 EN?), Publications Office of the European Union.

Europäische Kommission (2010): Mitteilung der Kommission EUROPA 2020 - Europa 2020 – Eine Strategie für intelligentes, nachhaltiges und integratives Wachstum, KOM(2010)2020. Brüssel.

Europäische Kommission (2010): Mitteilung der Kommission an das Europäische Parlament, den Rat, den Europäischen Wirtschafts- und Sozialausschuss und den Ausschuss der Regionen, Handel, Wachstum und Weltgeschehen – Handelspolitik als Kernbestandteil der EU-Strategie Europa 2020, KOM(2010)612. Brüssel.

Europäische Kommission (2010): Mitteilung der Kommission an das Europäische Parlament, den Rat, den Europäischen Wirtschafts- und Sozialausschuss und den Ausschuss der Regionen – Eine integrierte Industriepolitik für das Zeitalter der Globalisierung Vorrang für Wettbewerbsfähigkeit und Nachhaltigkeit, KOM(2010)612. Brüssel.

Europäische Kommission (2010): Report list 14 critical mineral raw materials – Adhoc working group, MEMO/10/263. Brüssel.

Europäische Kommission (2011): Bericht der Kommission an das Europäische Parlament, den Rat, den Europäischen Wirtschafts- und Sozialausschuss und den Ausschuss der Regionen über die thematische Strategie für Abfallvermeidung und -recycling, KOM(2011)13. Brüssel.

Europäische Kommission (2011): Mitteilung der Kommission an das Europäische Parlament, den Rat, den Europäischen Wirtschafts- und Sozialausschuss und den Ausschuss der Regionen – Bekämpfung des Schulabbruchs – ein wichtiger Beitrag zur Agenda Europa 2020, KOM(2011)18. Brüssel.

Europäische Kommission (2011): Mitteilung der Kommission an das Europäische Parlament, den Rat, den Europäischen Wirtschafts- und Sozialausschuss und den Ausschuss der Regionen – Ressourcenschonendes Europa – eine Leitinitiative innerhalb der Strategie Europa2020, KOM(2011)21. Brüssel.

Europäische Kommission (2011): Mitteilung der Kommission an das Europäische Parlament gemäß Artikel 294 Absatz 6 des Vertrags über die Arbeitsweise der Europäischen Union betreffend den Standpunkt des Rates im Hinblick auf den Erlass einer Richtlinie des Europäischen Parlaments und des Rates über Elektro- und Elektronik-Altgeräte (WEEE), KOM/2011/0478 endgültig – 2008/0241 (COD). Brüssel.

Europäische Kommission (2011): Mitteilung der Kommission an das Europäische Parlament, den Rat, den Europäischen Wirtschafts- und Sozialausschuss und den Ausschuss der Regionen – Fahrplan für den Übergang zu einer wettbewerbsfähigen CO2-armen Wirtschaft bis 2050, KOM(2011)112. Brüssel.

Europäische Kommission (2011): Mitteilung der Kommission an das Europäische Parlament, den Rat, den Europäischen Wirtschafts- und Sozialausschuss und den Ausschuss der Regionen – Fahrplan für ein ressourcenschonendes Europa, KOM(2011)571. Brüssel.

Europäisches Parlament (2004): Geschäftsordnung des Europäischen Parlaments – 16. Auflage, http://www.europarl.europa.eu/sides/getDoc.do? pubRef=-//EP//TEXT+ RULES-EP+20040720+TOC+DOC+XML+V0//DE.

Europäisches Parlament (2010): Bericht über den Vorschlag für eine Richtlinie des Europäischen Parlaments und des Rates über Elektro- und Elektronik-Altgeräte (Neufassung), KOM(2008)810. Brüssel: Ausschuss für Umweltfragen, Volksgesundheit und Lebensmittelsicherheit (ENVI).

Europäisches Parlament (2011): Stellungnahme zum Initiativbericht „Eine erfolgreiche Rohstoffstrategie für Europa", 2011/2056/INI. Brüssel: Ausschuss für Internationalen Handel (INTA).

Europäisches Parlament (2011): Stellungnahme zum Initiativbericht „Eine erfolgreiche Rohstoffstrategie für Europa", 2011/2056/INI. Brüssel: Ausschuss für Umweltfragen, Volksgesundheit und Lebensmittelsicherheit.

Europäisches Parlament (2011): Initiativbericht über eine erfolgreiche Rohstoffstrategie für Europa, 2011/2056/INI. Brüssel: Ausschuss für Industrie, Forschung und Energie (ITRE).

Europäisches Parlament/ Rat der Europäischen Union (2002): Richtlinie 2002/95/EG des Europäischen Parlaments und des Rates vom 27. Januar 2003 zur Beschränkung der Verwendung bestimmter gefährlicher Stoffe in Elektro- und Elektronikgeräten, 2002/95/EG. ABl. L 37 vom 13.02.2003, S. 19-23.

Europäisches Parlament/ Rat der Europäischen Union (2002): Richtlinie 2002/96/EG des Europäischen Parlaments und des Rates vom 27. Januar 2003 über Elektro- und Elektronik-Altgeräte - Gemeinsame Erklärung des Europäischen Parlaments, des Rates und der Kommission zu Artikel 9, 2002(96/EG. ABl. L 37 vom 13.02.2003, S. 24-39.

Europäisches Parlament/ Rat der Europäischen Union (2006): Verordnung (EG) Nr. 1013/2006 des Europäischen Parlaments und des Rates vom 14. Juni 2006 über die Verbringung von Abfällen. ABl. L 190 vom 12.07.2006, S. 1-98.

Europäisches Parlament/ Rat der Europäischen Union (2006): Richtlinie des Europäischen Parlaments und des Rates vom 2. September 2006 über Batterien und Akkumulatoren sowie Altbatterien und Altakkumulatoren und zur Aufhebung der Richtlinie 91/157/EWG, 2006/66/EG. ABl. L 266 vom 26.09.2006, S. 1-14.

Europäisches Parlament/ Rat der Europäischen Union (2008): Richtlinie des Europäischen Parlaments und des Rates vom 19. November 2008 über Abfälle und zur Aufhebung bestimmter Richtlinien, 2008/98/EG. ABl. L 312 vom 22.11.2008, S. 3-30.

Europäisches Parlament/ Rat der Europäischen Union (2006): Verordnung (EG) Nr. 1907/2006 des Europäischen Parlaments und des Rates vom 18. Dezember 2006 zur Registrierung, Bewertung, Zulassung und Beschränkung chemischer Stoffe (REACH), zur Schaffung einer Europäischen Agentur für chemische Stoffe, zur Änderung der Richtlinie 1999/45/EG und zur Aufhebung der Verordnung

(EWG) Nr. 793/93 des Rates, der Verordnung (EG) Nr. 1488/94 der Kommission, der Richtlinie 76/769/EWG des Rates sowie der Richtlinien 91/155/EWG, 93/67/EWG, 93/105/EG und 2000/21/EG der Kommission. ABl. L 396 vom 30.12.2006, S. 1-851.

Eurostat (2009): Bologna Ministerkonferenz – 30% der 25- bis 34-Jährigen in der EU 27 absolvieren ein Hochschulstudium, Pressemitteilung 58/2009. epp.eurostat.ec.europa.eu.

Eurostat (2009): Wissenschaft, Technologie und Innovation in Europa, Pressemitteilung 127/2009. epp.eurostat.ec.europa.eu.

Eurostat (2010): Erneuerbare Energien – Anteil erneuerbarer Energie am Energieverbrauch in der EU 27 stieg 2008 auf 10,3%, Pressemitteilung 103/2010. epp.eurostat.ec.europa.eu.

Europäischer Rat (2010): Tagung am 25./26. März 2010 - Schlussfolgerungen, EUCO 7/10, CONCL1 CO EUR 4. Brüssel.

Fischer, S,/ Gran, S./ Hacker, B./ Jakobi, A./ Petzold, s./ Pusch, T./ Steinberg, T. (2010): "EU 2020" – Impulse für die Post-Lissabonstrategie, Internationale Politikanalyse 3:,Friedricht-Ebert Stiftung.

Frenz, W. (2011): Handbuch Europarecht, Band 6 – Institutionen und Politiken. Berlin [u.a.]: Springer.

Fritz-Vannahme, J./ Schmidt, A. G./ Hierlemann, D./ Vehrkamp, R. (2010): Lissabon, die Zweite, in: Bertelsmann-Stiftung (Hg.): Europa wagen, Gütersloh: Verlag Bertelsmann-Stiftung, S. 92-104.

Grimm, S. (2009): Afrika: Ein Testfall für die Instrumente europäischer Außenpolitik, in: Bendiek, A. / Kramer, H. (Hg.): Globale Außenpolitik der Europäischen Union. Interregionale Beziehungen und „strategische Partnerschaften", Baden-Baden: Nomos, S. 150-172.

Grober, U. (2004): Hans Carl von Carlowitz – ein Blatt, ein Bild, ein Wort, in: Jahrbuch Ökologie 2005. München: C.H. Beck; S. 256f.

Jann, W./ Wegrich, K. (2009): Phasenmodelle und Politikprozesse: Der Policy Cycle, in: Schubert, K./ Bandelow, N. (Hg.): Lehrbuch der Politikfeldanalyse 2.0. München: Oldenbourg, S. 75-114

Kaltschmitt, M./ Streicher, W./ Wiese, A. (2007): Renewable energy: technology, economics and environment. Berlin[u.a.]: Springer.

Kellermann, C./ Ecke, M./ Petzold, S. (2009): Eine neue Wachstumsstrategie für Europa nach 2010. Friedrich-Ebert-Stiftung.

Kingdon, J. (1995): Agendas, Alternatives, and Public Policies. New York: Harper Collins.

Klaeren, J. (2009): Editorial, in: Bundeszentrale für politische Bildung: Informationen zur Politischen Bildung 2/2009, Afrika – Schwerpunktthemen. Bonn.

Kloepffer, W. (2008): State-of-the-Art in Life Cycle Sustainability Assessment, The International Journal of Life Cycle Assessment, Vol. 13, S. 89-95.

Korinek, J./ Kim, J. (2010): "Export Restrictions on Strategic Raw Materials and Their Impact on Trade". OECD Trade Policy Working Papers, No. 95, OECD Publishing.

Meadows, D./ Randers, J. (2004): Limits to growth the 30-year Update. White River Junction, VT, USA: Chelsea Green Publ.

Mayntz, R. (1982): Problemverarbeitung durch das politisch-administrative System, in: Hesse, J. (Hg.): Politikwissenschaft und Verwaltungswissenschaft (PVS Sonderheft 13). Opladen: Westdeutscher Verlag, S. 74-89.

Meyer-Abich, K. (2001): Nachhaltigkeit – ein kulturelles, bisher aber chancenloses Wirtschaftsziel, Zeitschrift für Wirtschafts- und Unternehmensethik 2 (3), S. 291-310.

Milder, S.A./ Wassenberg, F. (2009): Immer knapper, immer teurer? Die Importabhängigkeit bei metallischen Rohstoffen schafft Verwundbarkeiten, internationale Politik (IP), Nr. 11/12, 2009, S. 52-58.

Nullmeier, F./ Wiesner, A. (2003): Policy-Forschung und Verwaltungswissenschaft. in: Münkler, H. (Hg.): Politikwissenschaft. Ein Grundkurs. Reinbek: Rowohlt, S. 285-323.

Parsons, W. (1995): Public Policy. An introduction to the Theory and Practice of Policy Analysis. Chelterham: Edward Elgar Publishing.

Rade, C.A. (2006): 1. Juni 2006 – Ein Jahr Umsetzung der Abfallablagerungsverordnung/ TA-Siedlungsabfall. Eine Bestandsaufnahme aus Bundessicht. Müll und Abfall 38 (6), S. 284-289.

Rat der Europäischen Union (2011): Betr.: Vorschlag für eine Richtlinie des Europäischen Parlaments und des Rates zur Beschränkung der Verwendung bestimmter gefährlicher Stoffe in Elektro- und Elektronikgeräten (RoHS-Richtlinie) (Neufassung), 8117/11. Brüssel.

Rat der Europäischen Union (2011): Verordnung (EU) Nr. 333/2011 des Rates vom 31. März 2011 mit Kriterien zur Festlegung, wann bestimmte Arten von Schrott gemäß der Richtlinie 2008/98/EG des Europäischen Parlaments und des Rates nicht mehr als Abfall anzusehen sind. Brüssel.

Rat der Europäischen Union (2011): Vorschlag für eine Richtlinie des Europäischen Parlaments und des Rates über Elektro- und Elektronik-Altgeräte (Neufassung) – Political agreement, 7851(11). Brüssel.

Rüb, F. (2009): Multiple-Streams-Ansatz: Grundlagen, Probleme und Kritik., in: Schubert, K./ Bandelow, N. (Hg.): Lehrbuch der Politikfeldanalyse 2.0. München: Oldenbourg, S. 353-380.

Sabatier, P. (1993): Advocacy-Koalitionen, Policy-Wandel und Policy-Lernen – Eine Alternative zur Phasenheuristik, in: Héritier, A. (Hg.): Policy-Analyse. Kritik und

Neuorientierung (PVS Sonderheft 24). Opladen: Westdeutscher Verlag, S. 116-148.

Sabatier, P. (2007): The Need for Better Theories. In: ders. (Hg.): Theories of the Policy Process. Boulder, CO: Westview Press, S. 3-17.

Sander, K./ Schilling, S. (2010): Optimierung der Steuerung und Kontrolle grenzüberschreitender Stoffströme bei Elektroaltgeräten / Elektroschrott. Dessau: Umweldbundesamt.

Scharpf, F. (2000): Interaktionsformen. Akteurszentrierter Institutionalismus in der Politikforschung. Opladen: Westdeutscher Verlag.

Saam, W. (2008): Chinas Griff nach Afrikas Rohstoffen – Analysen und Argumente Nr. 49, Konrad-Adenauer-Stiftung.

Schmidt, S. (2009): Afrika in der internationalen Politik, in: Bundeszentrale fürpolitische Bildung: Informationen zur Politischen Bildung, Afrika – Schwerpunktthemen, (2/2009), S. 52-55.

Schmidt, M. (1997): Policy-Analyse. In: Mohr, A. (Hg.): Grundzüge der Politikwissenschaft. München: Oldenbourg, S. 567-604.

Schneider, V./ Janning, F. (2006): Politikfeldanalyse. Akteure, Diskurse und Netzwerke in der öffentlichen Politik. Wiesbaden: VS Verlag.

Schubert, K. (1991): Politikfeldanalyse. Eine Einführung. Opladen: Leske + Budrich.

Schubert, K./ Bandelow, N, (2009): Lehrbuch der Politikfeldanalyse 2.0. München: Oldenbourg.

Schubert, K. (2009): Pragmatismus, Pluralismus und Politikfeldanalyse: Ursprünge und theoretische Verankerung. In: Schubert, K./ Bandelow, N. (Hg.): Lehrbuch der Politikfeldanalyse 2.0. München: Oldenbourg, S. 39-70.

Schubert, K./ Bandelow, N. (2009): Politikfeldanalyse: Dimensionen und Fragestellungen, In: dies. (Hg.): Lehrbuch der Politikfeldanalyse 2.0. München: Oldenbourg, S. 1-22.

Schüler, D./ Buchert, M./ Liu, R./ Dittrich, S./ Merz, C. (2011): Study on Rare Earths and Their Recycling Final Report for The Greens/ EFA Group in the European Parliament. Darmstadt: Öko-Institut.

Snyder, J. (2009): Thermoelectric Energy Harvesting, In: Priya, S./ Inman, D.J. (Hg.): Energy harvesting technologies. Berlin [u.a.]: Springer, S. 325-336.

Sohn, K-D./ Kullas, M. (2009): Strategie "Europa 2020", Centrum für Europäische Politik, www.ces.eu.

Streeck, W./ Schmitter, P. (1996): Gemeinschaft, Markt, Staat – und Verbände? In: Kenis, P./ Schneider, V. (Hg.): Organisation und Netzwerk. Institutionelle Steuerung in Wirtschaft und Politik. Frankfurt a.M.: Campus, S. 123-164.

Westphal, C. (2010): Europa 2020 und Gender-Mainstreaming, Europäische Kommission: www.esf-gleichstellung.de.

World Commission on Environment and Development (WCED) (1987): Reportof the World Commission on Environment and Development: Our Common Future, United Nations.

Zahariadis, N. (2007): The Multiple Streams Framework: Structure, Limitations, Prospects. In: Sabatier, P. (Hrsg.): Theories of the Policy Process. Boulder, CO: Westview Press, S. 62-92.

Zamparutti, T./ Isarin, N./ Wemaere, M./ Wielenga, K. (2009): Study on the Feasibility of the Establishment of a Waste Implementation Agency, Auftragsstudie der Europäischen Kommission. Brüssel: Milieu Ltd.

Weblinks:

http://ec.europa.eu/climateaction/eu_action/index_de.htm, Letzter Zugriff am 14.04.2011.

http://ec.europa.eu/codecision/index_de.htm; letzter Zugriff am 22.05.2011.

http://ec.europa.eu/deutschland/press/pr_releases/8960_de.htm, letzter Zugriff am 15.04.2011.

http://ec.europa.eu/enterprise/policies/raw-materials/critical/index_de.htm, letzter Zugriff am 14.05.2011.

http://ec.europa.eu/environment/etap/inaction/policynews/501_de.html, letzter Zugriff am 20.05.2011.

http://eur-lex.europa.eu/LexUriServ/LexUriServ.do?uri=CELEX:41973X

1220:DE:HTML, letzter Zugriff am 20.09.2011.

http://europa.eu/legislation_summaries/environment/waste_management/ev0010_de.htm, letzter Zugriff am 20.05.2011.

http://geology.com/articles/indium.shtml, letzter Zugriff am 02.05.2011.

http://minerals.usgs.gov/ds/2005/140/cobalt.pdf, letzter Zugriff am 06.04.2011.

http://minerals.usgs.gov/minerals/pubs/commodity/gallium/, letzter Zugriff am 05.05.2011.

http://minerals.usgs.gov/minerals/pubs/commodity/indium/mcs-2011-indiu.pdf, letzter Zugriff am 05.05.2011.

http://strategic-metal.typepad.com/strategic-metal-report/2010/04/germanium-supply-market-outlook-2010.html, letzter Zugriff am 05.05.2011.

http://strategic-metal.typepad.com/strategic-metal-report/2010/08/gallium-market-report-august-2010.html, letzter Zugriff am 02.05.2011.

http://vi.unctad.org/files/wksp/oilgaswksptanz10/docs/Background%20readings/Africa%20Mining%20Vision.doc, letzter Zugriff am 13.05.2011.

http://www.africa-eu-partnership.org/, letzter Zugriff am 12.05.2011.

http://www.bmlfuw.gv.at/article/articleview/27855/1/7246, letzter Zugriff am 20.09.2011.

http://www.bmu.de/abfallwirtschaft/fb/abfallpolitik/doc/print/2959.php, letzter Zugriff am 22.05.2011.

http://www.bmu.de/europa_und_umwelt/deutsche_eu-ratspraesidentschaft/doc/47243.php, letzter Zugriff am 25.05.2011.

http://www.bmz.de/de/was_wir_machen/wege/multilaterale_ez/akteure/wto/index.html, letzter Zugriff am 01.05.2011.

http://www.dfg.de/dfg_magazin/aus_der_wissenschaft/herausforderung_energieforschung/speichern_und_verteilen/index.html, letzter Zugriff am 26.04.2011.

http://www.eu-koordination.de/umweltnews/news/abfall/804-foerderung-der-recycling-maerkte-durch-neue-abfallende-kriterien, letzter Zugriff am 20.05.2011.

http://www.eu-koordination.de/umweltnews/news/politik-recht/731-komitologie-neue-eu-entscheidungsregeln-in-kraft, letzter Zugriff am 29.05.2011.

http://www.europarl.europa.eu/sides/getDoc.do?pubRef=-//EP//TEXT+REPORT+A7-2010-0196+0+DOC+XML+V0//DE, letzter Zugriff am 20.05.2011.

http://www.europarl.europa.eu/oeil/FindByProcnum.do?lang=2&procnum=INI/2011/2056, letzter Zugriff am 22.05.2011.

http://www.gtai.de/DE/Content/Online-news/2011/07/s1,hauptbeitrag=219520, layoutVariant=Standard,sourcetype=SE,templateId=render.html, letzter Zugriff am 08.05.2011.

http://www.gtai.de/fdb-SE,MKT201104268001,Google.html, letzter Zugriff am 15.05.2011.

http://www.internationalepolitik.de/2011/01/05/eine-frage-der-kooperation/, letzter Zugriff am 12.05.2011.

http://www.lithorec.de, letzter Zugriff am 28.05.2011.

http://www.lubw.baden-wuerttemberg.de/servlet/is/61853/, letzter Zugriff am 22.05.2011.

http://www.metal-pages.com/metalprices/neodymium/, letzter Zugriff am 08.05.2011.

http://www.metal-pages.com/metalprices/neodymium/, letzter Zugriff am 08.05.2011.

http://www.metalprices.com/pubcharts/Public/Cobalt_Price_Charts.asp, letzter Zugriff am 03.05.2011

http://www.motorlexikon.de/?I=9624&R=, letzter Zugriff am 26.04.2011.

http://www.ndfebmagnets.de/DE_Info_NdFeB.htm, letzter Zugriff am 25.04.2011.

http://www.physik.wissenstexte.de/elektromotor.tsm, letzter Zugriff am 27.04.2011.

http://www.recycling-technology.de/News-Nachrichten/Verwertung-Beseitigung-Entsorgung-Recycling-Aufbereitung/2785/Recycling-gegen-Versorgungsengpsse, letzter Zugriff am 23.05.2011.

http://www.see.tu-erlin.de/menue/forschung/projekte/life_cycle_sustainability_ assessment/, letzter Zugriff am 20.05.2011.

http://www.swedwatch.org/en/reports/e-waste-export-out-control, letzter Zugriff am 25.05.2011

http://www.umweltbundesamt.de/ressourcen/faktor-x/, letzter Zugriff am 01.09.2011.

http://www.umweltruf.de/news/111/news3.php3?nummer=1561, letzter Zugriff am 25.05.2011.

http://www.unric.org/de/presseMitteilungen/4760, letzter Zugriff am 18.05.2011.

http://www.vie.unu.edu/file/get/3330, letzter Zugriff am 25.05.2011.

http://www.weee-forum.org/news/ends-europe-daily-hungary-proposes-closed-scope-for-weee-law, letzter Zugriff am 26.05.2011.

http://www.wiwo.de/finanzen/rohstoffmarkt-mit-neuen-erzfeinden-430916/4/, letzter Zugriff am 11.05.2011.

http://www.wto.org/english/docs_e/legal_e/gatt47_01_e.htm, letzter Zugriff am 06.04.2011.

http://www.wto.org/english/tratop_e/dispu_e/dispu_e.htm, letzter Zugriff am 28.04.2011.

http://www.wto.org/english/tratop_e/dispu_e/cases_e/ds394_e.htm#bkmk394r<http: //www.wto.org/english/tratop_e/dispu_e/cases_e/ds394_e.htm%23bkmk394r, letzter Zugriff am 20.09.2011.

AN INTERDISCIPLINARY SERIES
OF THE CENTRE FOR INTERCULTURAL AND EUROPEAN STUDIES

INTERDISZIPLINÄRE SCHRIFTENREIHE
DES CENTRUMS FÜR INTERKULTURELLE UND EUROPÄISCHE STUDIEN

CINTEUS ▪ Fulda University of Applied Sciences ▪ Hochschule Fulda

ISSN 1865-2255

1 *Julia Neumeyer*
Malta and the European Union
A small island state and its way into a powerful community
ISBN 978-3-89821-814-6

2 *Beste İşleyen*
The European Union in the Middle East Peace Process
A Civilian Power?
ISBN 978-3-89821-896-2

3 *Pia Tamke*
Die Europäisierung des deutschen Apothekenrechts
Europarechtliche Notwendigkeit und nationalrechtliche Vertretbarkeit einer Liberalisierung
ISBN 978-3-89821-964-8

4 *Stamatia Devetzi und Hans-Wolfgang Platzer (Hrsg.)*
Offene Methode der Koordinierung und Europäisches Sozialmodell
Interdisziplinäre Perspektiven
ISBN 978-3-89821-994-5

5 *Andrea Rudolf*
Biokraftstoffpolitik und Ernährungssicherheit
Die Auswirkungen der EU-Politik auf die Nahrungsmittelproduktion am Beispiel Brasilien
ISBN 978-3-8382-0099-6

6 *Gudrun Hentges / Justyna Staszczak*
Geduldet, nicht erwünscht
Auswirkungen der Bleiberechtsregelung auf die Lebenssituation geduldeter Flüchtlinge in Deutschland
ISBN 978-3-8382-0080-4

7 *Barbara Lewandowska-Tomaszczyk / Hanna Pułaczewska (Eds. / Hrsg.)*
Intercultural Europe
Arenas of Difference, Communication and Mediation
ISBN 978-3-8382-0198-6

8 *Janina Henning*
In Dubio Pro Europa?
An Analysis of the European External Action Structures
after the Treaty of Lisbon
ISBN 978-3-8382-0298-1

9 *Claas Oehlmann*
Europa auf dem Weg zur Recycling-Gesellschaft?
Die EU-Rohstoffinitiative im Kontext der Strategie Europa 2020
ISBN 978-3-8382-0401-7

Series Subscription

Please enter my subscription to the *Interdisciplinary Series of the Centre for Intercultural and European Studies*, ISSN 1865-2255, edited by Gudrun Hentges, Volker Hinnenkamp, Anne Honer, Hans-Wolfgang Platzer, as follows:

❒ complete series

starting with

❒ volume # 1

❒ volume # ___

  ❒ please also include the following volumes: #___, ___, ___, ___, ___, ___,

❒ the next volume being published

  ❒ please also include the following volumes: #___, ___, ___, ___, ___, ___,

❒ 1 copy per volume OR ❒ ___ copies per volume

Subscription within Germany:

You will receive every volume at 1st publication at the regular bookseller's price – incl. s & h and VAT.

Payment:

❒ Please bill me for every volume.

❒ Lastschriftverfahren: Ich/wir ermächtige(n) Sie hiermit widerruflich, den Rechnungsbetrag je Band von meinem/unserem folgendem Konto einzuziehen.

Kontoinhaber: ______________________ Kreditinstitut: ______________________

Kontonummer: ______________________ Bankleitzahl: ______________________

International Subscription:

Payment (incl. s & h and VAT) in advance for

❒ 10 volumes/copies (€ 319.80) ❒ 20 volumes/copies (€ 599.80)

❒ 40 volumes/copies (€ 1,099.80)

Please send my books to:

NAME ______________________ DEPARTMENT ______________________

ADDRESS ____

POST/ZIP CODE ______________________ COUNTRY ______________________

TELEPHONE ______________________ EMAIL ______________________

date/signature ____

Please fax to: **0511 / 262 2201 (+49 511 262 2201)**

or mail to: *ibidem*-Verlag, Julius-Leber-Weg 11, D-30457 Hannover, Germany

or send an e-mail: ibidem@ibidem-verlag.de

***ibidem*-Verlag**
Melchiorstr. 15
D-70439 Stuttgart
info@ibidem-verlag.de

www.ibidem-verlag.de
www.ibidem.eu
www.edition-noema.de
www.autorenbetreuung.de

Zeitfracht Medien GmbH
Ferdinand-Jühlke-Straße 7
99095 Erfurt, Deutschland
produktsicherheit@kolibri360.de